AMDANI!

Bethan Gwanas

Cymdeithas Ddrama Cymru
Yr Hen Llyfrgell, Heol Singleton
Sblot, Caerdydd
CF24 2ET
Ffôn: (029) 20452200
Ffacs: (029) 20452277
Ebost: aled.daw@virgin.net

ISBN: 0–9543710-3-8

Os am ganiatâd i berfformio'r ddrama hon, cysyllter â:
sgriptcymru, Chapter, Heol y Farchnad, Treganna, Caerdydd. CF5 1QE.

Ffôn: 029 2023 6650
sgriptcymru@sgriptcymru.com
www.sgriptcymru.com

Comisiynwyd a pherfformiwyd y ddrama hon gyntaf gan **sgript**cymru ar 18fed Medi 2003 yn Theatr y Sherman, Caerdydd, ac yna ar daith ledled Cymru.

Cyhoeddir y llyfr hwn gyda chefnogaeth ariannol Cyngor Llyfrau Cymru.

CEFNOGI CREADIGRWYDD
CYNGOR CELFYDDYDAU CYMRU
THE ARTS COUNCIL OF WALES
SUPPORTING CREATIVITY

Cynllun a delwedd y clawr: A1
Golygu: Margaret Tilsley
Cysodwyd: Eira Fenn
Argraffwyd yng Nghymru gan Wasg Cambrian, Aberystwyth

AMDANI!

gan

Bethan Gwanas

Actorion:

Beryl	Rebecca Harries
Menna	Catrin Mara
Siân Cae Berllan	Sara Lloyd
Llinos	Ffion Dafis
Anna	Karen Wynne
Wayne	Huw Garmon
Jac Stiward	Ieuan Rhys
Gareth	Dafydd Emyr

Cyfarwyddwr:	Elen Bowman
Cynllunydd:	Hayley Grindle
Cynllunydd Goleuo:	Elanor Higgins
Cyfansoddwr:	Dyfan Jones

Rheolaeth Llwyfan:	Lisa Skelding
	Kate Borde
	Siôn Williams
Cynhyrchydd set:	David Flinn
Cynhyrchydd propiau:	Y Sherman
Cynorthwydd gwisgoedd:	Sue Jackson
Artistiaid set:	Emma Bambury
	Charlotte Neville

Propiau:	Åsa Malmsten

Dylunwyr poster:	A1
Ffotograffydd delwedd:	Siân Trenberth
Ffotograffydd cynhyrchiad:	Keith Morris

sgriptcymru
contemporarydramawales

sgriptcymru yw cwmni ysgrifennu newydd Cymru ar gyfer y llwyfan, yn gweithio yn y Gymraeg a'r Saesneg.

Rôl y cwmni yw darganfod, meithrin a hyrwyddo lleisiau newydd a chyffrous ar gyfer y llwyfan. Mae **sgript**cymru yn unigryw yn ei ymroddiad i gynhyrchu ysgrifennu newydd trwy gyfrwng y Gymraeg a'r Saesneg. Mae hefyd yn sefydliad datblygu sy'n gweithio gyda dramodwyr newydd ar lefel sylfaenol yn ogystal â bod yn gwmni comisiynu, sy'n cynnig rhyddid anarferol i greadigrwydd dramodwyr proffesiynol.

Trwy gefnogaeth broffesiynol **sgript**cymru i ddramodwyr a'r rhaglen flynyddol sy'n torri tir newydd, nod y cwmni yw sicrhau parhad ysgrifennu newydd fel celfyddyd yng Nghymru a ledled y byd.

Ers ei sefydlu yn 2000, mae'r cwmni wedi ennill enw da yn genedlaethol am ansawdd a thrawstoriad ei ddramâu.

Y Cwmni:

Cyfarwyddwr Artistig	Simon Harris
Cyfarwyddwr Cyswllt	Elen Bowman
Cyfarwyddwr Gweinyddol	Mai Jones
Cyfarwyddwr Datblygu	Emma Routledge
Rheolwr Llenyddol	Angharad Elen
Rheolwr Marchnata	Siân Melangell Dafydd
Swyddog Gweinyddol	Steffan Cravos
Cyswllt Artistig	Bethan Jones
Awdur Cyswllt	Meic Povey

Y Bwrdd Rheoli:

Ann Beynon (Cadeirydd), Frances Medley (Is-Gadeirydd), Philippa Davies, Nicola Heywood-Thomas, Richard Houdmont, Elwyn Tudno Jones, David Seligman, Lucy Shorrocks, Elinor Williams, Hedd Vine, Mared Hughes (aelod cyswllt).

Cyhoeddiadau Dalier Sylw

DS1   *Y Cinio* (Geraint Lewis)
DS2   *Hunllef yng Nghymru Fydd* (Gareth Miles)
DS3   *Epa yn y Parlwr Cefn* (Sion Eirian)
DS4   *Wyneb yn Wyneb* (Meic Povey)
DS5   *"i"* (Jim Cartwright – cyfieithiad Cymraeg John Owen)
DS6   *Fel Anifail* (Meic Povey)
DS7   *Croeso Nôl* (Tony Marchant – cyfieithiad Cymraeg John Owen)
DS8   *Bonansa!* (Meic Povey)
DS9   *Tair* (Meic Povey)

Cyhoeddiadau sgriptcymru

SC1   *Diwedd y Byd / Yr Hen Blant* (Meic Povey)
SC2   *Art and Guff* (Catherine Tregenna)
SC3   *Crazy Gary's Mobile Disco* (Gary Owen)
SC4   *Ysbryd Beca* (Geraint Lewis)
SC5   *Franco's Bastard* (Dic Edwards)
SC6   *Dosbarth* (Geraint Lewis)
SC7   *past away* (Tracy Harris)
SC8   *Indian Country* (Meic Povey)
SC9   *Diwrnod Dwynwen* (Fflur Dafydd, Angharad Devonald, Angharad Elen, Meleri Wyn James, Dafydd Llewelyn, Nia Wyn Roberts)
SC10   *Ghost City* (Gary Owen)
SC11   *AMDANI!* (Bethan Gwanas)

Ar gael o:

sgriptcymru
Chapter, Heol y Farchnad, Treganna, Caerdydd, CF5 1QE
Ffôn: 029 2023 6650
sgriptcymru@sgriptcymru.com
www.sgriptcymru.com

Dramodydd: Bethan Gwanas

Hogan ffarm o Feirion fu'n athrawes, cyfryngast, chwaraewraig rygbi, hyfforddwr canŵio a hyrwyddydd llenyddiaeth (ymysg pethau eraill) cyn dechrau sgwennu'n llawn amser. Cyhoeddwyd *Amdani!*, ei nofel gyntaf, yn 1997; fu bywyd byth yr un fath iddi wedyn. Tair cyfres ddrama deledu, dwy ddrama lwyfan fer, deg cyfrol a dros ddau gan colofn i'r *Herald* yn ddiweddarach, dyma ei chynnig cynta' ar sgwennu drama lwyfan sy'n para mwy na 45 munud. Ei dymuniad mewn bywyd yw dal ati i sgwennu deunydd darllenadwy, poblogaidd a chael perthynas efo lumberjack sydd â gradd mewn seicoleg.

Cyfarwyddwr: Elen Bowman

Ganwyd Elen yn Abertawe, ac fe'i haddysgwyd yn RADA. Cafodd hyfforddiant cyfarwyddo o dan adain Sam Kogan, Mike Alfreds a Tim Supple yn Lloegr. Ffurfiodd gwmni o'r enw Living Pictures a chyfarwyddodd gyfieithiadau newydd o *Andromarche* gan Euripides a *The Nest* gan Franz Xaver Kroetz. Mae ei chynyrchiadau eraill yn cynnwys *Ironmistress* i gwmni Common Pulse yng Nghaerdydd a *Timon of Athens* i gwmni Bloodstone yn Llundain. Bellach yn Gyfarwyddwr Cyswllt **sgript**cymru, cyfarwyddodd *Dosbarth* gan Geraint Lewis, Drama Gomisiwn Eisteddfod Genedlaethol 2002, ynghyd â chwe drama fer yn *Diwrnod Dwynwen*.

Dafydd Emyr (Gareth)

Yn gyn-gyfieithydd â Thomos y Tap, rwyf yn drosleisydd, cyflwynydd, sylwebydd chwaraeon ac actor, ac yn ddiweddar, ymddangosais mewn rhannau blaenllaw yn *Casualty* a'r *Eastenders Christmas Special*. Bûm hefyd yn treulio cyfnod difyr iawn yn chwarae rhan *bodyguard* i Prince Charles. Wastad yn un am sialensiau newydd, dw i newydd sefydlu cwmni o'r enw Scwt yn y Bwt, i'ch galluogi chi feddwon a'ch ceir i gyrraedd adref yn saff. Ffoniwch 029 2045 2015 os am fanteisio ar fy ngwasanaeth! Wedi chware i nifer o glybiau dosbarth cyntaf, coronwyd fy ngyrfa rygbi pan chwaraeais dros CFCC yn ffeinal Cwpan Worthington yn Stadiwm y Mileniwm yn Ebrill 2003, ac ennill y dydd! Mae rygbi yn fy ngwaed ac mae'r prosiect hwn yn gyfle i gyfuno gwefr chwaraeon a gwefr bod ar lwyfan – gobeithio!

Ffion Dafis (Llinos)

Mam roddodd yr enw Ffion arna i. Ffionyn fydd dad yn fy ngalw ond does gan Noa, fy nai 8 mis oed, ddim enw o gwbl i mi hyd yn hyn. Wedi blynyddoedd lawer yn y carchar addysg, cefais fy ngollwng yn rhydd i droedio llwyfannau Cymru efo cwmnïau megis Hwyl a Fflag a Cwmni Theatr Gwynedd cyn gwerthu fy enaid i'r byd teledu i gyflwyno rhaglenni megis *Dim Tafod*, *i-dot* a rhaglenni'r Eisteddfod. Dydi cymeriad Llinos ddim yn anghyfarwydd i mi gan fy mod wedi ei phortreadu mewn pedair cyfres deledu o *Amdani* bellach. Dw i'n falch o gael dod â hi am dro i'r theatr ond yn ôl i'r bocs yng nghornel yr ystafell y bydd hi'n mynd ym mis Ionawr ar gyfer pumed gyfres *Amdani*.

Huw Garmon (Wayne)

Hogyn o Fôn ydw i, er i mi fod ar grwydr drwy Aberystwyth, Llundain a Dinbych cyn setlo yng Nghaerdydd rhyw chwe blynedd yn ôl. Dyma'r tro cyntaf i mi weithio yn y theatr ers sbel, ac rwy'n falch iawn o'r cyfle i ddychwelyd. Yn y gorffennol, rwyf wedi gweithio gyda nifer o gwmnïau Cymru, gan gynnwys Bara Caws, Theatr Gwynedd, Hwyl a Fflag, Arad Goch a Theatrig. Dylwn i nodi'r diweddar Emily Davies a Graham Laker, Cefin Roberts a Jeremy Turner fel rhai a ddylanwadodd arna'i wrth i'm gyrfa yn y theatr ddatblygu, ac rwy'n ddiolchgar iddynt am gynnau'r tân.

Rebecca Harries (Beryl)

Helo! Un o Sir Gâr ydw i yn wreiddiol, ac er i neb yn y teulu gredu y byddwn i'n symud o gatre', es i'r coleg yn Aberystwyth, cyn byw a gweithio yn Birmingham, Llundain a, bellach, Caerdydd. Ma' llawer o 'ngwaith i 'di bod ar y teledu, *Pobol y Cwm*, *The Bench* a *Belonging*, ond *AMDANI!* yw'r drydedd sioe lwyfan i mi wneud yn ystod y flwyddyn ddiwethaf (*Dosbarth* a *Dan y Wenallt* oedd y lleill) ac unwaith eto, dwi wrth fy modd yn ôl ar lwyfan, yn enjoio!

Sara Lloyd (Siân Cae Berllan)

Wedi cael fy magu yn Sir Fôn a'm haddysgu ym Mangor, mi es i mlaen i astudio Athroniaeth yng Nghaerdydd a threulio blwyddyn yng Ngholeg Brenhinol Cerdd a Drama Cymru. Ar ôl graddio, mi wnes i ddrama ddigidol; *Salidas, A Taste of Honey* a *Sweetheart* yn y Salisbury Playhouse, a phennod o *Bad Girls*. Ers hynny dw i 'di gweithio efo Clwyd Theatr Cymru a **sgript**cymru ar *Dosbarth*, sef Drama Gomisiwn Eisteddfod 2002. Yn fwy diweddar dw i wedi bod yn ffilmio *Treflan*, ac ymddangos yn *Hearts of Gold*, BBC.

Catrin Mara (Menna)

Fe'm ganwyd yn 1979 a chefais y fraint o gael fy magu yn Llanuwchllyn ger y Bala. Graddiais o Goleg Brenhinol Cerdd a Drama Cymru yn 2001 ac ers hynny, bûm yn ffodus iawn o gael gwaith cyson a mwynhau pob eiliad o actio'n broffesiynol. Yn ddiweddar, rwyf wedi bod yn brysur yn actio Ceri yn y gyfres gomedi *Naw Tan Naw* (Tonfedd Eryri), gwisgo wigiau a dannedd erchyll ar gyfres sgetsys *Y Rhaglen Wirion 'Na* (Teledu Apollo) a gwneud cameos comedi a chyd-gyflwyno cyfres deledu fyw *Noc Noc* (Teledu Apollo). Yn ogystal â hyn rwyf wedi bod yn rhan o ddramâu radio a hysbysebu i Fwrdd Twristiaeth Cymru ond dyma'r tro cyntaf i mi droedio llwyfan theatr ers i mi raddio, felly yn naturiol mae'n brofiad cyffrous dros ben!

Ieuan Rhys (Jac Stiward)

O Aberdâr dw i'n dod a bues i'n hyfforddi yng Ngholeg Brenhinol Cerdd a Drama Cymru yng Nghaerdydd cyn ymuno â thîm *Pobol y Cwm* fel Sarjant James am dair blynedd ar ddeg. Yn 1996, *transfer* wedyn i stadiwm HTV ac i dîm *Siôn a Siân* lle bues i'n cyflwyno am chwe thymor cyn symud yn fy mlaen i'r brif adran gyda thîm llewyrchus BBC Radio Cymru a *Showbusnesan!* Dw i wedi sgorio nifer o geisiadau dros y blynyddoedd gan gynnwys ffilm 'da Hugh Grant *The Englishman Who Went Up A Hill and Came Down a Mountain*, cyfres olaf *Mind To Kill*, *Nice Girl* i BBC2 a *The Merchant of Venice*, *The Winter's Tale* a *The Merry Wives of Windsor* o dan gyfarwyddyd yr hyfforddwr Michael Bogdanov yng Ngŵyl Shakespeare, Llwydlo 2002/2003. Mae'r trosiadau amlwg yn cynnwys *Bowen a'i Bartner*, *Rough Justice*, *Trail of Guilt*, *Crimewatch File: Wanted* a *Mortimer's Law* i'r BBC, *Bomber* i Zenith/ITV, *Rhinoceros* i Granada a *Jara* i HTV. Heb os, y ceisiau adlam mwyaf cofiadwy yw'r daith gyda thîm cyntaf Theatr Gwynedd, *Cwm Glo* a nifer fawr o bantomeimiau gydag Owen Money, Stan Stennett a Phyl Harries. Bellach yr unig ymarfer corff dw i'n gwneud yw rhedeg ar ôl y ddau grwt, Cai a Llew.

Karen Wynne (Anna)

Ar ôl chwarae *Golff* yn Theatr Gwynedd, treuliais gyfnod yn 'sbyty *Glan Hafren*. Aeth bywyd yn dipyn o *Syrcas ar y Sadwrn* felly chwiliais am neges y *Frân Wen*. Fel mae pawb sy'n f'adnabod i'n gwybod, mi fydda i'n gwneud *Spectacle* o'm hun reit amal a tydi hynny fawr o help pan dach chi'n trio *Blingo'r Bwci*. Edrychais yn fy *Lucky Bag* a chael syniad i fynd *AMDANI!* Fel 'sa Wali'n deud, 'Majic'!

Cynllunydd: Hayley Grindle

Astudiais yng Ngholeg Brenhinol Cerdd a Drama Cymru. Yno derbyniais wobr Paul Kimpton am waith arloesol ac eleni cafodd fy ngwaith ei arddangos yn arddangosfa *Design for Schools Exhibition* yn Prague Quadrennial. Mae fy ngwaith diweddaraf yn cynnwys *Some Voices* yng Ngholeg Brenhinol Cerdd a Drama Cymru, *Diwrnod Dwynwen* i **sgript**cymru, *Richard III* i Theatr Ieuenctid yn Salisbury Playhouse, a *The Mikado* i Opera Cenedlaethol Cymru. Fy mhrosiect nesaf fydd gweithio ar brosiect ieuenctid gyda Bath Theatre Royal.

Cynllunydd Goleuo: Elanor Higgins

Wedi fy ngeni yn Lloegr, cefais fy magu yng Nghymru ac felly rwy'n ystyried fy hun yn ddysgwraig ac rwy'n mwynhau'r cyfle i weithio trwy gyfrwng y Gymraeg ym myd y theatr. Mae gweithio ar *AMDANI!* felly yn gyfuniad o bleser ac ymroddiad proffesiynol. Hwn yw fy nawfed cynllun goleuo i **sgript**cymru. Gobeithiaf wneud y degfed pan fydda i'n dychwelyd i Brydain yn 2005. Bu haf 2003 yn hynod o brysur gan i mi weithio hefyd ar sioe Theatr Genedlaethol Ieuenctid Cymru, *Frida and Diego*. Mae gweithio fel darlithydd goleuo rhan amser yng Ngholeg Brenhinol Cerdd a Drama Cymru wedi fy nghadw yn brysur dros y blynyddoedd diwethaf, yn yr un modd â'r holl sioeau y goleuais i'r theatr, opera a dawns. Wedi'r holl waith caled yma, rwy'n edrych ymlaen yn fawr at gael teithio'r byd gyda fy ngŵr am flwyddyn gron!

Cyfansoddwr/Cynllunydd Sain: Dyfan Jones

Ar ôl bod yn Llundain yn astudio ar ddechrau'r 90au, dychwelais i Aberdâr i fyw. Bues i'n gweithio'n helaeth yng Nghymru a thu hwnt ers hynny. Mae fy ngwaith theatr yn cynnwys *Bonansa!*, *Radio Cymru*, *Y Cinio* a *Language of Heaven* i Dalier Sylw; *Cider With Rosie* ac *Abertawe'n Fflam*, *Cylchdroi*, *20/20*, *Codi Stêm*, *Spam Man*, *Skylight*, *I'r Byw*, *Melangell* ac eraill i Theatr na n'Óg; *Indian Country* i **sgript**cymru; a *Rape of the Fair Country*, *Hosts of Rebecca*, *Song of the Earth*, *Abigail's Party*, *To Kill a Mockingbird* ac *Oh What a Lovely War* i Clwyd Theatr Cymru. Mae fy ngwaith teledu, ffilm a cherddorfaol yn cynnwys *Iechyd Da* (cyfresi 1–6), *Pam Fi Duw?* (cyfresi 1–6), *BBC Monologues*, *Pobol y Cwm* (ffilm), *31/12/99*, *Bydd Yn Wrol*, *Hi-Line* (Cerddorfa Genedlaethol yr Alban), *Rumble in the Jungle* (Cerddorfa Genedlaethol yr Alban), *Jara*, *Dreaming of Joseph Lees*, *Hotel Eddie* a *Fel Ci a Cath*.

Rheolwr Llwyfan: Lisa Skelding

Graddiais o Goleg Brenhinol Cerdd a Drama Cymru yn 2001 lle astudiais Reolaeth Llwyfan. Dechreuais fy ngyrfa broffesiynol fel aelod o dîm cynhyrchu gyda chwmnïau ffilm a theledu, fel Bracan, Boda ac, yn ddiweddarach, Al Fresco ar eu cynhyrchiad *Treflan* (cyfres 1–2). Bûm hefyd gyda *Pobol y Cwm* am gyfnod byr. Mae fy ngwaith theatr yn cynnwys cyn-gynyrchiadau **sgript**cymru, *Ysbryd Beca*, *past away*, *Diwrnod Dwynwen* ac *Indian Country*. Treuliais hefyd gyfnodau gyda chwmni Mega ar eu pantomeim blynyddol a *Perthyn*.

Rheolwr Llwyfan: Kate Borde

Graddiais mewn Rheolaeth Theatr o Goleg Brenhinol Cerdd a Drama Cymru yn 2003. Ers hynny bûm yn gweithio ar ddrama CBBC *The Story of Tracy Beaker* fel rhedwr a thrydydd cyfarwyddwr cynorthwyol. Rwyf yn mwynhau gwaith teledu a theatr ac, ar ôl gweithio ar gynhyrchiad **sgript**cymru o *Dosbarth* gan Geraint Lewis yn 2001, rwy'n falch o ddod yn ôl at y cwmni.

Rheolwr Llwyfan: Siôn Williams

Gadawodd Siôn yr Ysgol Uwchradd yn 17 oed i fynd i weithio mewn stiwdio recordio. Mae wedi bod yn beiriannydd sain byw ers 10 mlynedd, gan weithio'n gyson yn yr Eisteddfod Genedlaethol, Eisteddfod yr Urdd a'r rhan fwyaf o theatrau Cymru. Mae hefyd wedi teithio Prydain Fawr, Ewrop ac America fel technegydd fideo, ond mae'n well ganddo yrfa glywedol yn hytrach na gyrfa weledol. Yn ei amser hamdden mae'n hoffi hwylio, coginio a gwneud te.

GAIR GAN Y CYFARWYDDWR

Trwy gydol blynyddoedd fy ieuenctid roedd prynhawniau Sadwrn yn golygu un peth – rygbi. Eisteddai fy nhad, fel llawer tad arall, wedi glynu wrth y set deledu a'i lais yn gweiddi'n groch ar Gareth Edwards wrth iddo lamu at y llinell a sgorio cais arall i Gymru.

Bryd hynny roedd y sgrîn yn llawn dynion, yn chwaraewyr ac yn gefnogwyr. Difyr felly, yw profi'r gêm o'r newydd trwy lygaid dynes. Mae stori Bethan Gwanas 'di bod yn gyfle i mi ddarganfod y gêm go iawn; nid yn unig y dechneg o'i chwarae ond hefyd natur gymdeithasol a gwefreiddiol y gêm. Mae'r cast wedi mwynhau her y chwarae, ar brydiau yn gorfod taflu eu hunain i mewn yn gorfforol a phrofi natur herfeiddiol y gêm. I Bethan roedd y gêm yn wefr ac yn agoriad llygad, a dyna a'i hysgogodd i greu cymeriadau lliwgar Tre-Ddôl. Dw i'n gobeithio y cewch wefr newydd felly wrth ddarllen a pherfformio *AMDANI!*, y ddrama lwyfan.

Elen Bowman
Cyfarwyddwr Cyswllt **sgript**cymru

AMDANI!

gan **BETHAN GWANAS**

Cymeriadau:

Beryl

Menna

Siân Cae Berllan

Llinos

Anna

Wayne

Jac Stiward

Gareth

Amser: Presennol

Lleoliad: Gogledd Cymru

ACT I

GOLYGFA 1

Taranau, mellt a glaw.
Clywn gerddoriaeth fel petai music box yn chwarae. Sylweddolwn mai
*'Calon Lân' yw'r dôn. Gwelwn **Wayne** yn aros y tu allan i gapel yn dal*
ymbarél. Mae'n gwisgo siwt smart. Daw pobl o wahanol gyfeiriadau i mewn
i'r capel.
*Daw **Siân CB** heibio gydag ymbarél, yna daw **Anna** a **Gareth** ar ei hôl.*
*Maen nhw'n cyfarch **Wayne** cyn mynd i mewn. Daw **Jac** o'r un cyfeiriad*
*a mynd i mewn i'r capel. O gyfeiriad arall daw **Llinos** at y capel. Mae*
***Wayne** yn troi ar ei sawdl ac yn mynd i mewn i'r adeilad. Mae **Llinos** yn*
*stopio yn ei hunfan ac yn gweld y briodferch, **Beryl**, yn cerdded yn frysiog*
*gyda'i fêl yn gorchuddio'i hwyneb a **Menna** yn straffaglu i gadw'r ymbarél*
*uwch ei phen wrth smocio. **Llinos** yn cuddio y tu ôl i'w hymbarél. Mae*
***Beryl** yn mynd i mewn i'r capel ond mae **Menna** yn taflu ei sigarét. Mae*
*hi'n sylwi ar **Llinos**, ac yn a chodi dau fys arni.*

LLEISIAU: Nid wy'n gofyn bywyd moethus,
                    Aur y byd na'i berlau mân,
                    Gofyn 'rwyf am galon hapus,
                    Calon onest, calon lân.

*Mae **Llinos** yn cychwyn cerdded i mewn i'r capel.*

LLEISIAU: Calon lân yn llawn daioni,
                    Tecach yw na'r lili dlos;
                    Dim ond calon lân all ganu...

*Mae **Llinos** yn aros yn ei hunfan ac yn troi at gyfeiriad set deledu sydd*
wedi ymddangos. Clywn sŵn torf yn canu yn dod o gyfeiriad y set deledu.
Mae'r rygbi ymlaen.

LLEISIAU'R DORF: Canu'r dydd a chanu'r nos.

1

GOLYGFA 2

*Ymddengys **Siân CB**, **Menna** a **Beryl** gyda phecynnau têc awê. Toddir i mewn i ystafell fyw tŷ **Llinos**, gyda **Beryl** yn chwilota mewn bagiau brown têc awê, **Menna** yn tollti gweddillion potel win i'w gwydr, a **Siân CB** yn chwarae efo'r rheolydd o bell.*

MENNA: (*Wrth Siân CB*) Asu, tro'r sŵn 'na lawr.

BERYL: Be' ti isio wylio p'run bynnag?

SIÂN CB: *Pobol y Cwm.*

MENNA: *Get a life*, Siân fach.

SIÂN CB: Na, mae o'n *exciting* iawn dyddia' yma. Dw i isio gwbod be' sy'n digwydd i Hywel a Stacey. Digidol 'di hwn?

LLINOS: Naci.

SIÂN CB: Ma' nhw fod i ga'l snog heno.

BERYL: Pam 'sat ti'm 'di dapio fo 'ta?

SIÂN CB: Dwi'm yn siŵr iawn sut i ddefnyddio fo – dwi wastad yn tapio'r peth 'rong.

Siân CB yn pwyntio'r rheolydd at y teledu fel pe bai ar fin ei ddiffodd.

LLINOS: Hei, paid â'i ddiffodd o.

SIÂN CB: Ma' siŵr bod nhw 'di anghofio'r *egg fried rice*, a finna' 'di edrych ymlaen at...

Beryl yn cydio mewn carton o'r bag.

2

BERYL: Be' ti'n feddwl 'di hwn?

SIÂN CB: Diolch i ti. (*Yn chwifio'i llaw yn wyllt*)

MENNA: Be' haru chdi'r diawl gwirion?

SIÂN CB: Dwi'm yn licio mwg sigaréts pan dwi'n byta.

MENNA: 'Mond deud oedd isio chdi, yn lle actio fel melin blydi wynt.

Cloch y tŷ yn canu.

LLINOS: Eith rywun i ateb hwnna, tra mod i'n mynd i agor potal arall?

BERYL: A' i.

***Beryl** yn mynd i agor y drws, tra bo **Llinos** yn agor y botel.*

MENNA: Asu, sbïa coesa del sgin hwnna, pwy 'di o?

SIÂN CB: Pa'r un?

MENNA: Rhif deg.

MENNA: Wel 'swn i'm yn meindio chwara' efo fo.

SIÂN CB: Menna!

MENNA: Be' sy'? Oeddach chdi isio gweld Hywel a Stacey yn ca'l bonc yn gynharach.

SIÂN CB: Snog ddudis i.

MENNA: Ma' un peth yn arwain at y llall, tydi?

*Daw **Beryl** ac **Anna** i mewn.*

ANNA: Sori mod i'n hwyr, oedd Dylan mewn cyfarfod yn 'rysgol.

LLINOS: Paid â phoeni dim. Fi ddylia ymddiheuro am newid y plania' munud ola'.

ANNA: (*Yn ysgafn*) Beryg ma' cysgu'n cwt glo fydd o heno 'ta.

LLINOS: Fydd o 'di meddwl am ryw esgus, a 'di prynu coblyn o *bizza* mawr ar y ffor' adra.

BERYL: *Pizza*?

LLINOS: Ia, ei ffor' o ddeud sori ydi prynu *pizza* efo *mushrooms*, caws, *pineapple* a *sweetcorn*.

SIÂN CB: O, chwara' teg iddo fo.

MENNA: Be' sy haru chdi, 'sa nghariad i yn fy nhrin i fel 'na, 'swn i'n deud 'tha fo lle i sticio'i *bizza*.

LLINOS: Tasa fo ond yn gwbod bod gas gin i *mushrooms* a *pineapple*.

BERYL: Ti'm 'di deud 'tha fo?

LLINOS: Naddo. (*Estyn gwydr gwin i Anna*) Hwda, Anna.

***Llinos** yn tywallt gwin mewn gwydr, ac yn rhoi'r gwydr i **Anna**.*

ANNA: Well mi beidio, dwi'n dreifio.

MENNA: Twt, be' sy' arnach chdi, 'neith un ddim drwg i ti.

ANNA: Gymra'i hanner glasied.

BERYL: Doeddan ni ddim yn siŵr be' oeddach chdi isio, felly gafon ni *chicken chow mein* i ti.

ANNA: Cyw iâr organig ydi o?

MENNA: (*Dan chwerthin*) Callia, wir Dduw i chdi.

ANNA: Ma' rhywun yn clywed gymint o straeon am y llefydd byta 'ma.

MENNA: Paid â bod yn gymint o snob.

ANNA: Tydwi ddim, jyst deud 'dwi.

LLINOS: Yli, os fasa'n well gin ti ga'l *king prawns* a *special fried rice*, gei di newid efo fi.

ANNA: Na, fydd hwn yn iawn. 'Sat ti'n meindio taswn i'n nôl plât?

LLINOS: Helpa dy hun.

MENNA: G'na fel ma' pawb arall yn 'neud, a byta allan o'r *cartons*.

BERYL: Llai o olchi llestri wedyn.

SIÂN CB: Ma' 'na rywbeth neis mewn byta allan o *garton*, mwy o *dreat* rywsut.

ANNA: Well gin i blât.

MENNA: Asu, ma' isio 'mynadd efo chdi weithia'.

LLINOS: Gad lonydd iddi.

BERYL: Pwy sy'n ennill?

LLINOS:	Nhw.
SIÂN CB:	Pwy 'dyn nhw?
LLINOS:	*Dragons*.
SIÂN CB:	Pwy 'dan ni?
LLINOS:	Llanelli, coch.
ANNA:	Oedd Dylan 'di gofyn i mi dapio yr hanner cynta' iddo fo.
SIÂN CB:	(*Wrth Anna*) 'Nest ti'm digwydd sylwi os oedd *Pobol y Cwm* ymlaen cyn y gêm?
ANNA:	Naddo. Welest ti *Eastenders*?
SIÂN CB:	*Oh my God*, ma' Dirty Den yn ôl.
LLINOS:	Hissht!
ANNA:	A be' am *Corrie*, 'ta?
LLINOS:	Hisshhht!
SIÂN CB:	Be' sy'n bod?
LLINOS:	Steve Jones yn anelu am y pyst.
SIÂN CB:	Pam bod raid i ni fod yn ddistaw?
LLINOS:	Hisshht!

*Pawb yn edrych ar y bocs, ac eithrio **Siân CB**, sy'n edrych ar bob un ohonynt yn eu tro.*

LLINOS:	Damia!

SIÂN CB:	'Na'th o fethu?
MENNA:	Naddo!
LLINOS:	'Swn i 'di gallu cicio honna.
ANNA:	Hen gêm ddigon gwirion ydi hi, hefyd.
SIÂN CB:	Pam bod y boi 'na 'di stopio'r gêm jyst rŵan?
LLINOS:	Am mai *forward pass* oedd hi.
SIÂN CB:	Dw i'm yn dallt. Ymlaen ma' nhw i fod i fynd, ynde?
BERYL:	Y chwaraewyr, ia, ond ddim y bêl. 'Nôl ma' honno'n mynd.
SIÂN CB:	Ond sut ma' nhw fod i symud 'mlaen os 'dyn nhw'n gorfod gadael y bêl ar ôl?
MENNA:	Jyst byta dy *egg-fried rice*.
BERYL:	Na, chwara' teg, dw inna'm yn dallt hynna chwaith.

Llinos yn cydio mewn clustog ac yn sefyll.

LLINOS:	Ti ddim yn ddallt o? *C'mon*, duda mod i isio pasio'r bêl, ocê, dwi'n rhedag ymlaen (*wrth Anna*) a dwi'n gorfod pasio hi 'nôl at Anna. A fasa'n rhaid i Anna 'neud yn siŵr bod Siân tu 'nôl iddi, iddi basio'r bêl 'nôl ati.
BERYL:	Ah!
LLINOS:	Dach chi'n dallt?
SIÂN CB:	Nacdw.

ANNA:	Na finne chwaith. Ma' Dylan 'di trio egluro wrtha i gant a mil o weithie, ond dw i dal ddim callach.
MENNA:	(*Wrth Anna*) Wyddwn i ddim bod Dylan chdi efo gymint o ddiddordeb mewn rygbi.
ANNA:	Mae o 'di cal brênwef sut i godi prês i'r ysgol 'cw.
BERYL:	Be' mae o am 'neud 'lly?
ANNA:	Ma' o wrthi'n trio trefnu twrnament rygbi'n lleol. A mae o hyd yn oed 'di gorfod cael yswiriant arbennig.
LLINOS:	Faint o dima' s'gynno fo hyd yma?
ANNA:	Un.
MENNA:	Uffar o dwrnament mawr 'lly.
LLINOS:	Geith rywun rywun chwara'?
ANNA:	Cân', cyn belled bod nhw'n talu ugian punt am gystadlu.
LLINOS:	'Sa fo'n medru bod lot o hwyl.
SIÂN CB:	Be', ni'n chwara' rygbi?
LLINOS:	Ia, pam lai?
MENNA:	Dim ffiars. Dw i isio cadw fy nannadd.
ANNA:	Dw i'n cytuno. A phrun bynnag, tydi'm y math o gêm i ferched.
BERYL:	Dw i'm yn gwbod.
LLINOS:	'San ni'n medru ca'l uffar o *laugh*.

MENNA:	Be', ca'l ein colbio nes bod ni'n ddu-las? Dim diolch.
LLINOS:	'San ni'n practisio digon, 'sa hynna ddim yn digwydd.
BERYL:	Dw i'n meddwl fod o'n syniad eitha' da.
SIÂN CB:	Ond 'sa raid i ni redag lot.
LLINOS:	Ddudis di 'tha i bythefnos yn ôl bod chdi'n meddwl mynd i'r *gym* er mwyn ca'l 'bach o *exercise*.
SIÂN CB:	Ia, tu mewn ma' hynna, 'de, lle mae'n gynnas ac yn sych.
LLINOS:	'Dan ni'n cwyno digon does na'm byd i neud yn y lle 'ma.
ANNA:	Ia, ond chware rygbi?
LLINOS:	'Sa fo'n hwyl, a 'sa fo at achos da.
BERYL:	A 'sa fo'n ffordd grêt o ga'l colli 'bach o bwysa'.
MENNA:	Siarada di drostat dy hun, dw i'n ddigon hapus efo'n siâp i.
LLINOS:	Ty'd, Menna – pa bryd ma'r twrnament 'ma?
ANNA:	Diwedd mis nesa'.
LLINOS:	Reit, ma' hynna'n rhoi digon o amser i ni ga'l yn ffit. Dach chi isio bod yn ffit, oes? Sbïwch arnan ni, dan ni'n ista fama yn stwffio a malu cachu. Waeth i ni fod allan yn cae yn g'neud rhywbeth o werth neu mi fyddan ni ar ein *zimmer frames* cyn inni droi rownd.
BERYL:	Dw i'n gêm.

*Clywir sŵn drws ffrynt yn agor ac yn cau a daw **Wayne** i mewn, yn amlwg wedi bod yn yfed.*

WAYNE: Helo!

Mae'n stopio yn ei unfan pan wêl griw o ferched yn syllu arno.

WAYNE: Blydi hel, be' 'di hyn, Merched y Wawr?

LLINOS: (*Yn sych*) O'n i fod i fynd allan, cofio?

WAYNE: Ond dw i 'di prynu *pizza* i ni'n dau.

MENNA: *Pizza* be' ydi o?

WAYNE: Caws, madarch...

GENOD: *Pineapple* a *sweetcorn*.

Genod i gyd yn chwerthin.

WAYNE: Sut dach chi'n gwbod?

BERYL: Llinos ddaru ddeud ma' dyna ti'n brynu bob tro.

MENNA: Gobeithio bod chdi'm mor *predictable* yn gwely, myn uffar i.

WAYNE: 'Nei di byth wbod, na 'nei? (*Wrth Llinos*) A'i i fyta hi'n gegin.

BERYL: 'Sdim isio chdi 'neud hynna, gei di fyta hi'n fan hyn efo ni.

WAYNE: Well gin i ista'n gegin.

MENNA: Ti ofn criw o ferched?

WAYNE:	Dwi'n gwbod sut 'dach chi ar ôl botelad neu ddwy o win.
ANNA:	Hei, 'dan ni 'di bihafio'n hunain reit dda heno 'ma.
BERYL:	Ty'd, gei di ista rhyngtha i a Cae Berllan.
MENNA:	Rŵan, sut elli di wrthod gwahoddiad fel 'na?

Wayne yn ochneidio cyn penderfynu ildio, ac yn penderfynu mynd i eistedd.

SIÂN CB:	'Di bod draw yn y clwb w't ti?
WAYNE:	Ia.
ANNA:	Welist ti'r gêm?
WAYNE:	Do. Wast o blydi amsar, 'swn i 'di gallu chwara'n well na hanner y diawliaid 'na.
BERYL:	(*Dan wenu*) Ti'n ddipyn o foi am y rygbi 'ma 'ta?
WAYNE:	Iawn, 'de.
BERYL:	Ti'n gwbod y rheola' a'r tactics a ballu?
WAYNE:	Siŵr Dduw mod i.
LLINOS:	(*Yn benderfynol wrth Beryl*) Beryl!
WAYNE:	Beryl be'?
LLINOS:	Ti'n brysur dyddia' 'ma 'dwyt?
WAYNE:	Be'?
LLINOS:	'Sgin ti'm amsar i ga'l dy wynt atat, heb sôn am ddechra' cyboli efo rwbath arall.

WAYNE:	Faint o win 'dach chi 'di yfad?
SIÂN CB:	Llinos sy' isio i ni ddechra' chwara' rygbi.
WAYNE:	(*Dan chwerthin*) Dew ia, pam lai, uffar o syniad da.
BERYL:	Yn hollol.
LLINOS:	(*Yn ddistaw*) Bod yn sarcastig mae o.
ANNA:	Ti'm yn meddwl 'sa ni'n medru'i 'neud o?
WAYNE:	Nid meddwl, ond gwbod.
MENNA:	Paid ti â bod yn rhy siŵr, washi.
WAYNE:	Ocê, all un ohonoch chi ddeud 'tha i faint o bwyntia' ma' rhywun yn ei ga'l am sgorio cais?
SIÂN CB:	Dau?
WAYNE:	(*Dan chwerthin*) Ddim cweit.
LLINOS:	Pum pwynt am gais, dau am drosiad, tri am gic gosb a thri am gic adlam.
WAYNE:	Ew, 'sa'n syniad i chdi ffonio Steve Jones i weld os oes 'na dsians am gêm.
SIÂN CB:	Pwy ydi o?

Wayne yn chwerthin eto.

WAYNE:	'Swn i'n chi, 'swn i'n sticio i llnau tina' babis a 'neud cêcs.
MENNA:	Hei, paid â bod mor ddigwilydd, y cwd.

SIÂN CB: Dw i'n gwbod fod y bêl yn gorfod mynd am yn ôl wrth i'r chwaraewyr fynd yn eu blaena'.

WAYNE: Ew, da rŵan, Cae Berllan.

LLINOS: (*Yn dawel*) Rho gora' iddi, Wayne.

WAYNE: Nid bod yn gas ydw i, jyst deud dw i. Gêm i ddynion ydi rygbi.

BERYL: Wel, gan bod ni'n gwbod cyn lleiad, fydd o'n hawdd i chdi'n dysgu ni.

WAYNE: Fi?

LLINOS: Na.

SIÂN CB: Ond ma' raid i ni ga'l rywun i'n helpu ni.

LLINOS: Ddown ni drwyddi'n iawn ar ben ein hunain.

WAYNE: Mi helpa'i chi os 'dach chi isio. Am ffi wrth gwrs.

ANNA: Ffi?

WAYNE: Peint o gwrw gin bob un ohonoch chi am bob sesiwn dwi'n ei roi i chi.

LLINOS: (*Yn galed o benderfynol*) Fyddwn ni'n iawn hebdda chdi.

WAYNE: (*Yr un mor galed*) Stwffio chdi, 'ta, chi 'neith ffyliad o'ch hunain.

Saib annifyr.

BERYL: Oes rhywun yn dod am *last orders* efo fi?

MENNA:	Ddo' i.
ANNA:	Gewch chi lifft gynna i, os 'dach chi isio.
BERYL:	Ond ti'm yn mynd ffor 'na.
ANNA:	Fydda' i'm chwincad chwannan yn piciad â chi.
MENNA:	*Nice one.*
BERYL:	(*Wrth Siân CB*) Ti am ddod hefyd?
SIÂN CB:	Na, dwi'n meddwl a' i adra.
WAYNE:	Duw, cer efo nhw, wedyn gewch chi gyd drafod tactics yn car, gewch chi ddewis pwy fydd y cynta' i basio'r bêl am yn ôl pan fyddwch chi'n rhedeg lawr cae.
ANNA:	(*Wrth Llinos*) Ffonia' i chdi 'fory i fynd â'r plant i nofio.
LLINOS:	Diolch i ti, iawn. Diolch i chi am ddod draw.
MENNA:	Ta-ra.

*Unwaith mae'r genod wedi mynd, mae **Llinos** yn dechrau tacluso, tra bo **Wayne** yn eistedd ar y soffa – mae'n torri gwynt. Does dim gair yn cael ei dorri rhyngddynt am sbel.*

WAYNE:	Yli, ma'n ddrwg gin i am fynd i'r clwb, 'nes i'm cofio mod i fod i warchod 'nes oedd Jac 'di codi peint i ni'n dau.
LLINOS:	Ia ia.
WAYNE:	Dw i'n deud y gwir. Mi o'n i 'di meddwl dy ffonio di.
LLINOS:	Ond 'nest ti ddim, naddo.

WAYNE: Ty'd i ista'n fa'ma efo fi.

LLINOS: Ma' gin i waith tacluso i 'neud.

WAYNE: 'Neith pum munud ddim gwahania'th.

*Mae **Wayne** yn cydio ynddi, a'i llusgo ar y soffa.*

LLINOS: Gad lonydd i mi.

WAYNE: Un sws, 'na cwbl dw i isio.

LLINOS: Ti'n drewi o alcohol.

WAYNE: Titha'n drewi o *prawns*, 'dan ni'n 'neud cwpwl perffaith, 'sti.

LLINOS: Rho gora' iddi.

***Llinos** yn rhyddhau ei hun ac yn codi ar ei thraed.*

WAYNE: Pam doeddach chdi'm isio fi'ch dysgu chi sut i chwara' rygbi?

LLINOS: Ti ddudodd ma' gêm i ddynion ydi hi.

WAYNE: Dim ond 'bach o dynnu coes oedd hynna, 'de? Tydi 'bach o hwyl yn g'neud dim drwg i neb.

LLINOS: Wel, doedd o ddim yn ddoniol.

WAYNE: Asu, 'di'r adag yna o'r mis neu be'?

LLINOS: Tyfa fyny, wir Dduw.

WAYNE: 'Swn i 'di g'neud uffar o *coach* da i chdi ga'l dallt.

LLINOS:	'Sach chdi 'di laru ar ôl wsnos neu ddwy.
WAYNE:	Na 'swn.
LLINOS:	Ti wastad yn gada'l petha' ar eu hanner.
WAYNE:	Tydi hynna ddim yn deg.
LLINOS:	Ydi mae o. Ti 'di gaddo trwsio'r *toaster* ers wthnosa'.
WAYNE:	Dw i 'di prynu plwg newydd ar ei gyfer o.
LLINOS:	Lot o iws 'dio yn y bag yn drôr 'de?
WAYNE:	Reit, a'i drwsio fo rŵan.
LLINOS:	Paid â bod mor hurt.
WAYNE:	Wel, paid â deud mod i'm 'di cynnig.

Llinos yn cydio yn y bocs pizza.

LLINOS:	Ti mynd i fyta'r *pizza* 'ma neu beidio?
WAYNE:	Sut oeddan nhw'n gwbod be' oedd arno fo?
LLINOS:	'Bach o dynnu coes, fel ddudis di, tydio'm yn g'neud dim drwg i neb.
WAYNE:	Ti'm yn sôn am ein bywyd personol wrthyn' nhw?
LLINOS:	Go brin bod *toppings pizza* yn gyfrinach. T'isio fo?
WAYNE:	Mi o'n i 'di meddwl 'sa'r ddau ohonan ni 'di byta hi efo'n gilydd.

Saib.

Llinos: Wayne, dos i dy wely.

WAYNE: Anghofia fo, 'ta. 'Sdim pwynt siarad efo chdi pan ti fel hyn.

Wayne ar gerdded allan.

LLINOS: Dw i'n mynd i ddysgu'r gweddill sut i chwara' rygbi, hyd yn oed tasa fo'r peth ola' 'na i.

WAYNE: (*O'r golwg*) Duda di, Llin.

LLINOS: Dw i o ddifri, 'sti.

WAYNE: Paid â 'neud gormod o sŵn, neu beryg ddeffri di'r plant.

*Wayne yn cerdded allan, gan adael **Llinos** ar ei phen ei hun.*

LLINOS: Fyddan ni'n uffar o dîm da.

GOLYGFA 3

*Yn raddol mae **Llinos** yn cerdded i ochr arall y llwyfan, lle mae **Anna**, **Beryl**, **Menna** a **Siân CB** yn disgwyl amdani hi.*

LLINOS: Reit, pawb yn barod?

ANNA: Ty'd 'laen reit handi, cyn i rywun 'yn gweld ni.

__Llinos__ yn chwilio yn ei bag.

LLINOS: Reit 'ta ... *shit*, dw i 'di anghofio'r bêl.

MENNA: Blydi hel, ma' hyn yn *hopeless*.

LLINOS: Ocê, 'nawn ni ymarfer heb bêl.

MENNA: Be' ddiawl 'di pwynt hynna?

LLINOS: Ystwytho'r corff, llacio'r cyhyra' a ballu.

MENNA: 'Bach o hwyl 'di hyn i fod.

ANNA: Ddudodd Dylan bod nifer o anafiadau yn digwydd oherwydd bod chwaraewyr ddim yn ystwytho'u cyrff ddigon cyn y gêm. O leia' chwarter awr i g'nhesu, medde fo.

MENNA: Chwarter awr?! Asu, anghofia'r peth, dwi isio *ffag* yn barod.

__Menna__ yn dechrau chwilota yn ei bag sydd ar lawr am baced o sigarennau a matsys.

SIÂN CB: Ydi hynna'n beth call cyn treinio?

MENNA:	'Sdim isio bod yn rhy gall yn y byd 'ma 'sti, neu 'sa bywyd yn *boring* ar y diawl.
LLINOS:	*C'mon*, ti'm angan un rŵan.
MENNA:	Ia ia.
LLINOS:	Lle ma' dy stamina di?
BERYL:	Ma' gin hi ddigon o hwnna, chysgis i'm winc neithiwr.
MENNA:	Pam 'sat ti 'di cnocio'r wal neu rwbath?
BERYL:	Mi 'nes i, am hydoedd.
SIÂN CB:	Pwy oedd o?
MENNA:	Dw i'm yn cofio, ond oedd ei din o fel carpad o flew.
SIÂN CB:	Ych a fi.
LLINOS:	Reit, gawn ni ddechra' ymarfer, plîs?
ANNA:	Be' ti isio ni 'neud?
LLINOS:	Beth am ddechra' efo *press-ups*? Pawb ar y llawr, sbïwch arna' 'i.

Y criw yn mynd ar y llawr, ac yn dechrau gwneud press-ups.

SIÂN CB:	Licio dy dreinars di, Anna.
ANNA:	Catalog *Next*.
LLINOS:	Pedwar ... pump.
SIÂN CB:	Atgoffa rywun o farshmalos, 'tydyn?

Llinos yn stopio.

LLINOS: Dowch.

ANNA: Ma'r ddaear yn wlyb.

LLINOS: Ty'd yn dy 'laen, Anna.

BERYL: Faint ddudist ti oedd raid i ni 'neud?

LLINOS: Deg.

ANNA: Be' 'tasan ni'n 'neud pump heno, a pump wsnos nesa'?

LLINOS: Deg ddudis i, a deg 'dan ni'n mynd i 'neud.

JAC: (*OOV*) Hei! Be' ddiawl 'dach chi'n drio 'neud?

MENNA: Ca'l secs efo pry genwair, be' ddiawl ti'n feddwl 'dan ni'n 'neud?

Daw Jac i mewn.

JAC: 'Dach chi'm i fod ar y cae 'ma.

SIÂN CB: Dim ond ca'l 'bach o hwyl ydan ni.

JAC: Wel, gewch chi fynd i rwla arall i ga'l ych hwyl.

ANNA: Sori, 'dan ni'm i fod yma?

JAC: Nacdach – 'sgynnoch chi syniad pa mor anodd 'di cadw'r cae 'ma yn *tip-top*?

MENNA: Ti'm yn g'neud joban rhy dda, os ga'i ddeud.

JAC: Be'?

LLINOS: Sori, Jac, fy mai i ydio. Mi 'nes i drio dy ffonio ddoe, i ofyn 'san ni'n ca'l defnyddio'r cae am awr heno, ond doeddach chdi'm i mewn.

JAC: Tydwi efo cant a mil o betha' i 'neud.

LLINOS: Dan ni'n ymarfer ar gyfer y twrnament rygbi ma'r ysgol yn ei drefnu.

JAC: O'n i'n meddwl ma' malu cachu oedd Wayne.

LLINOS: Pam, be' ddudodd o wrtha' chdi?

JAC: Deud dy fod ti'n trio ca'l tîm o ferched i chwara', jyst er mwyn ei wylltio fo.

LLINOS: Dim dyna'r rheswm, dan ni'n 'neud o er mwyn ni'n hunain.

JAC: Wel, os ydach chi isio defnyddio'r cae 'ma, ma' rhaid i chi 'neud cais ysgrifenedig o flaen llaw i *sub-committee'r* clwb.

ANNA: Pwy sy' ar y pwyllgor 'ma?

JAC: Fi.

MENNA: Wel, mae 'di cachu arna' ni felly 'tydi? Waeth i ni roi ffidil yn to ddim.

BERYL: A' i i siarad efo fo.

LLINOS: Ffeindiwn ni gae yn rwla arall, 'ta.

ANNA: 'Wyrach 'sa Dylan yn gada'l i ni ddefnyddio caea'r ysgol.

BERYL: Does 'na'm goleuada' a ballu yn fan honno.

SIÂN CB: Be' tasan ni'n mynd â *torch* bob un?

MENNA:	Sut bashist ti fel *accountant*?
BERYL:	(*Wrth Jac*) Be' 'dan ni'n 'neud ydi chwara i godi prês i'r ysgol.
JAC:	O?
BERYL:	Tasan ni'n rhoi lawr ar bapur bod ni'n g'neud hyn er mwyn achos da, fasat ti'n ein cefnogi ni wedyn?
JAC:	Ma'n dibynnu.
ANNA:	Pa bryd ma' cyfarfod nesa' o'r is-bwyllgor 'ma?
JAC:	Mewn tri mis.
ANNA:	Yli, ma'n rhaid bod hi'n bosib i'r is-bwyllgor gynnal cyfarfod brys.
JAC:	(*Braidd yn ansicr*) Wel ... oes ... mewn amgylchiadau arbennig.
ANNA:	Ma' hwn yn fatar o frys.
BERYL:	Ma'r twrnament yn digwydd mewn pump wsnos.
JAC:	Reit, a'i ffonio i drefnu cyfarfod ar gyfer wsnos nesa'.
MENNA:	Asu. Clyfar. Be' ti'n mynd i 'neud? Ffonio chdi dy hun?
LLINOS:	Yli, 'sgynnon ni ddim amser. 'Dan ni isio gwbod heno 'ma os gawn ni ddefnyddio'r cae 'ma neu beidio.
JAC:	Ma' hynna'n amhosib, ma' raid i mi roi rhybudd o bedair awr ar hugain i'n gilydd os ydan ni isio *emergency meeting*. Sori.

MENNA:	Biti hefyd.
JAC:	Be' sy'n biti?
MENNA:	Yr holl lunia' fydd ohonach chdi ar ffrynt y *Daily Post*.
JAC:	Am be' ti'n fwydro?
MENNA:	Ar ôl i ni fynd â chdi i'r llys am *sexual discrimination*.
JAC:	(*Mewn sioc*) Be'?
LLINOS:	Gwrthod gada'l i ni ddefnyddio'r cae oherwydd bod ni'n genod.
JAC:	Tydi o ddim byd i 'neud efo hynna – tasach chi'n ddynion neu'n haid o warthag 'sa rhaid i chi 'neud cais i'r is-bwyllgor.
ANNA:	Dim ond gobeithio fydd y barnwr yn cytuno efo chdi, 'de?
JAC:	Dw i'n gwbod ma' malu cachu 'dach chi, 'sach chi byth yn meiddio g'neud rhwbath fel 'na.
MENNA:	Ac os ydwi'n cofio'n iawn, 'sgin ti'm record yn barod? Sefyll ar wal yn piso am ben fisitors.
JAC:	'Di meddwi o'n i.
MENNA:	Record 'di record.
BERYL:	Ond os adawi di i ni ymarfer yma, fydd dim problem.
JAC:	(*Yn ansicr*) Pa mor amal 'sach chi isio ymarfer 'ma?
LLINOS:	Unwaith neu ddwy yr wsnos.

JAC:	Allwch chi'm 'neud ar nos Fercher, nac ar ddydd Sadwrn, achos ma'r dynion yn iwsio'r cae 'radag yna.
LLINOS:	Ia, iawn. Cwestiwn nesa'?
JAC:	Fyddwch chi isio iwsio'r *showers* a'r 'stafelloedd newid? Achos fydd hynna'n costio *three pound fifty* yn ychwanegol i chi.
MENNA:	*No way*, fydda' i'm cachiad yn mynd adra i ga'l bath iawn yn fy nhŷ fy hun.
JAC:	'Sgynnoch chi rywun cymwys i ymarfer efo chi? Achos os na 'sgynnoch chi, 'neith y cwmni insiwrans ddim cyfro chi na'r clwb.

Jac yn rhyw gilwenu, wrth feddwl ei fod wedi cael y gorau o'r genod.

LLINOS:	Oes.
JAC:	Pwy?
LLINOS:	Chdi.
JAC:	Fi?
LLINOS:	Ia, chdi.
JAC:	Na, nefar, ma' gen i ormod i 'neud a 'sa Wayne yn fy lladd i.
BERYL:	Chawn ni neb gwell.
LLINOS:	Os ydio gystal ffrind â hynna, fydd o'n dallt.
BERYL:	'San ni'n ddiolchgar iawn i chdi.

SIÂN CB:	'San ni'n fodlon talu i chdi.
JAC:	Faint?
SIÂN CB:	Pum punt y sesiwn.
JAC:	Tenar.
SIÂN CB:	*Seven fifty.*
BERYL:	A pheint.
MENNA:	Ac os w't ti'n hogyn da, 'wyrach gei di *fonus* hefyd.
LLINOS:	Ty'd 'laen, dyma dy gyfla i roi enw clwb rygbi Tre'r Ddôl ar y map go iawn.
ANNA:	A mi fyddi di'n helpu'r ysgol hefyd.
JAC:	'Sa' raid i chi wrando ar bob dim dwi'n ddeud 'tha' chi...
BERYL:	Wrth gwrs.
JAC:	Dim atab yn ôl na rhegi arna'i.
ANNA:	Ocê.
BERYL:	Wel?
JAC:	Ocê.
GWEDDILL:	Grêt!
JAC:	Ond am gyfnod prawf i ddechra'.
LLINOS:	Iawn, bos.

Jac yn cerdded oddi wrthynt.

BERYL: Lle ti'n mynd?

JAC: I chwilio am bêl.

LLINOS: Asu, o'n i'n meddwl fod o'n mynd i ddeud 'na' am eiliad.

SIÂN CB: Sut oeddach chdi'n gwbod fod o 'di piso o ben wal?

MENNA: Mrawd i oedd efo fo ar y pryd.

LLINOS: (*Wrth Anna*) Titha'n dda am eu palu nhw hefyd – efo'r busnas llys 'na.

BERYL: Ond ma' raid i ni wrando arno fo, g'neud be' mae o'n ei ddeud.

MENNA: Gawn ni weld am hynna.

BERYL: Na, chwara' teg iddo fo, ma' raid i ni beidio tynnu'n groes iddo fo.

MENNA: 'Swn i'n deud bod rywun efo ryw *soft-spot* am yr hen Jac yn barod.

BERYL: Callia, wir Dduw i chdi.

LLINOS: Pam ti'n cochi, 'ta?

BERYL: Mocha fi sy'n oer yn y gwynt 'ma.

MENNA: O ddiawl.

*Daw **Jac** yn ei ôl efo chwiban a bagiad o beli rygbi.*

JAC:	Reit 'ta'r 'ffernols, 'dan ni'n mynd i ddysgu sut ma' chwara' rygbi go iawn. Peth cynta' dw i isio chi 'neud ydi dysgu sut i afa'l mewn pêl yn iawn.
MENNA:	Dwi 'di ca'l digon o bractis dros y blynyddoedd, diolch yn fawr.
JAC:	Rŵan, sefwch mewn hanner cylch.
ANNA:	'Run fath â bod mewn parti cyd-adrodd yn 'Steddfod.
MENNA:	*God*, be' oedd y darn eto –
ANNA:	Y Sŵ?
SIÂN CB:	Y Gwdihŵ.
JAC:	Ylwch, 'sa fo ddiawl o bwys gen i os mai jiraff oedd o – 'dach chi'n meindio canolbwyntio plîs?
ANNA:	Sori.
JAC:	Reit 'ta, dwi'n mynd i daflu pêl at un ohonoch chi, a dwi isio chi ei dal hi, a'i thaflu hi'n ôl ata' i'n syth, dallt?

*Jac yn taflu'r bêl at **Llinos**, yna at **Anna**, yna at **Siân CB**, sy'n ei gollwng.*

SIÂN CB:	Wps, sori. Do'n i'm cweit yn barod. Dal i feddwl am y Gwdihŵ.
JAC:	Canolbwyntia, bendith y tad i chdi.
SIÂN CB:	Dw i yn trio, ond...
JAC:	Ond be'?
SIÂN CB:	Tydi hi ddim yn hawdd, ma' 'na siâp od arni.

JAC:	'Sat ti'n licio i ni newid y siâp i ti?
SIÂN CB:	Ond ffwtbol fasa hi wedyn, 'de?
JAC:	Ty'd i sefyll yn fa'ma.

Siân CB yn mynd i sefyll i flaen yr hanner cylch.

JAC:	(*Wrth Siân CB*) Reit, Siân, tafla'r bêl.
SIÂN CB:	At bwy?
JAC:	Ma' hynny fyny i chdi.
SIÂN CB:	O dw i'm yn siŵr ... oes 'na rywun isio hi?
JAC:	(*Dan weiddi*) Heddiw, Siân.

*Siân yn cael ofn a thaflu'r bêl at **Jac**.*

JAC:	Nid ata' i, ond at un o'r...
SIÂN CB:	Sori, ond dw i'm yn gallu dal pêl.
JAC:	Ty'd, paid â'u malu nhw ... ma' pob cloman yn medru dal pêl. Gawn ni gylch, dowch. (*Mae'r genod yn ffurfio cylch.*) Beryl.

*Jac yn taflu'r bêl at **Beryl**. Mae'r genod yn cael rhediad eitha' da.*

JAC:	'Na ni, 'na ni. Da iawn chdi, Llinos.
SIÂN CB:	(*Yn dal y bêl*) Yeah!
MENNA:	*God*, ma' hyn yn *riveting*. Dw i'm 'di dal pêl ers...

JAC: Canolbwyntia...

*Jac yn taflu pêl at **Menna** a hithau yn ei ollwng.*

MENNA: Hei, o'dd honna'n gam.

JAC: Reit, rhedwch 'ŵan a 'na'i daflu'r bêl ata' chi.

Mae'r genod yn rhedeg o gwmpas y cae.

JAC: Be' 'dach chi'n 'neud?

ANNA: Rhedag o gwmpas.

JAC: Mewn cylch, yn y cylch oeddach chi cynt.

MENNA: Ddudist ti ddim hynna.

JAC: Do, mi 'nes i ... rhedag a thaflu'r bêl yn ôl ata' i – dallt?

*Pawb yn gwneud siâp cylch a **Jac** yn sefyll yn y canol.*

JAC: Reit, ffwr' â chi.

*Y genod yn dechrau rhedeg, a **Jac** yn taflu pêl atynt.*

SIÂN CB: Hyn yn debyg i ddawnsio bloda' yn 'Steddfod, 'tydi?

***Siân CB** yn dechrau hymian tôn, ond yn ansicr ar ôl ychydig nodau. Yna,
mae **Menna** yn dechrau hymian y dôn hefyd.*

JAC: Da iawn, 'dach chi'n dechra' siapio.

SIÂN CB: La la la la la la la...

JAC: Caewch hi!

MENNA: La la la la la la la la...

JAC: Caewch eich cega a cadwch eich llygad ar y bêl.

Menna yn canu y dôn yn uwch fyth.

JAC: (*Yn dal y bêl ac yn stopio*) Reit, 'sgyna i ddim amsar i falu cachu.

LLINOS: Callia, Menna.

MENNA: Siân gychwynnodd ganu.

JAC: Os nad w't ti isio g'neud o'n iawn dwi'n mynd o 'ma.

MENNA: *O God*, dan ni'm yn chwara' dros Gymru, gêm i godi prês ydi o.

BERYL: Ond dan ni isio ennill, 'tydan?

LLINOS: Ydan, dan ni isio ennill. Felly dos yn dy flaen, Jac.

JAC: Ocê ... dw i isio i chi rannu'n ddau grŵp. Fesul dwy, dwi isio i chi redeg tuag at eich gilydd, a phasio'r bêl fel 'dach chi'n pasio'ch gilydd.

Mae'r genod yn syllu arno.

JAC: Dw i isio i chi redeg tuag at eich gilydd, a pasio'r bêl wrth basio.

BERYL: Dw i'm yn dallt.

ANNA: Na finna' chwaith.

JAC: Ma'n hawdd. Menna, cerdda di tuag ata' i.

*Menna yn gwneud hynny, a **Jac** yn gwneud yn yr un modd.*

JAC: Wedyn, pan 'dan ni ar fin pasio'n gilydd, 'dwi'n plannu'r bêl yn solad yn ei stumog, fel hyn – dallt rŵan?

ANNA: Be' 'di pwrpas hynna?

JAC: Be' 'di pwrpas ca'l cachiad, jyst g'na fo.

*Mae **Llinos** a **Beryl** yn gwneud yr ymarfer yn llwyddiannus.*

JAC: Dowch, da iawn. 'Na ni, ond ma' isio i chi redeg yn gyflymach.

*Mae **Beryl** ac **Anna** yn gwneud yr ymarfer.*

JAC: Da iawn, Beryl.

*Mae **Menna**'n dechrau rhedeg am gyfeiriad **Jac**.*

JAC: Ma'n rhaid i chi blannu y bêl reit fewn...

Wrth iddo geisio gosod y bêl, mae'n taro ei bronnau.

MENNA: Aw, blydi tits fi.

JAC: Be' haru chdi?

MENNA: Ti'm yn gwbod y gwahania'th rhwng stumog a tits?

JAC: Os ti'n chwara' rygbi, ma' rhaid i chdi arfar efo poen.

MENNA: 'Sgin ti'm syniad be' ydi blydi poen, washi.

LLINOS: Oreit, Menna, ti 'di neud dy bwynt. Be' nesa, Jac?

JAC: Pigo fyny. Deg o weithia'.

*Jac yn cerdded oddi wrthynt. Cerddoriaeth yn dynodi amser yn pasio wrth i'r genod barhau gyda'r ymarferion. Yna daw **Jac** yn ôl gyda bag taclo.*

JAC: 'Dach chi'n gwbod sut i drin y bêl ond ma'ch taclo chi'n gachu. Cofiwch be' ddudis i, anelu'n isel a mewn yn galad. Menna, dalia di'r bag i Llinos, Anna, dalia di'r bag i Cae Berllan, a wedyn newidiwn ni rownd bob yn ail.

BERYL: Pwy ddalith y bag i fi?

JAC: Wel y fi, 'de?

*Mae **Menna** ac **Anna** yn dal y bagiau, ac fe welir **Llinos** a **Siân CB** yn rhedeg tuag atynt, ac yn eu gwthio.*

JAC: Faint o weithia' sy' isio fi ddeud 'tha' chdi Beryl? Ma' raid i chdi ddefnyddio dy ysgwydd daclo i wthio. (*Beryl yn mynd yn ôl i drio eto*) Cofia be' ddudis i, Anna, anela'n is. Da iawn chdi, Cae Berllan, defnyddia dy draed...

*Yn gwbl annisgwyl i **Jac**, mae **Beryl** yn rhedeg tuag at y bag ac mae hi'n llwyddo i fwrw **Jac** a'r bag i'r llawr.*

JAC: Blydi hel.

BERYL: Ti'n oreit?

MENNA: Asu, Beryl, 'sdim isio chdi fod mor ryff efo fo, beryg i ti ddychryn o.

BERYL: Sori, Jac.

JAC: Na, 'mai i oedd o, do'n i ddim yn barod amdana' chdi.

MENNA: Fel 'na ma' Beryl, 'sti, unwaith mae'n gweld rwbath mae'n ffansïo, mae'n mynd amdano fel rwbath gwyllt.

JAC: Ocê, cyn i chi orffan, deg *press-up* reit handi. Dewch yn eich blaena', un ... dau ... tri ... Anna, cadwa'r coesa' 'na'n syth ... pump ... ty'd 'laen Cae Berllan, ti ar ei hôl hi ... saith ... 'na ni, un, dau arall ... naw ... deg. (*Y genod i gyd yn stopio ac yn anadlu'n ddwfn*) Dim y chdi, Cae Berllan, mae gin ti un neu ddau arall i 'neud.

SIÂN CB: Ond...

JAC: Dim 'ond' amdani, siapa' hi.

Siân CB yn gwneud dau press-up, *cyn gorwedd ar lawr fel y gweddill. Yn ystod y canlynol, mae'r genod yn raddol godi ar eu traed ac yn hel eu bagiau ac ati, gan ddechrau ymlwybro am adref.*

JAC: 'Dach chi 'di gwella lot yn ystod yr wsnosa' diwetha' 'ma, a 'dach chi'n ffit, ond dw i'm isio chi ddifetha'r cyfan rhwng rŵan a dydd Sadwrn, 'dach chi'n dallt?

MENNA: Asu, ga' i lifft gan rywun, plîs? Dw i fel bechdan wlyb (*yn chwilio am lighter yn ei bag*).

JAC: Dw i isio i chi gadw'n glir o'r lysh, dim dropyn, reit? A ma'r un peth yn wir am ffags hefyd (*yn cydio yn sigarét Menna*).

MENNA: Oi, dwi'n gaspio.

JAC: Mae o fyny i chi rŵan. 'Dach chi ddim isio haid o athrawon 'Sgrythur i gael y gorau ohonoch chi. Ma' 'na ddigon o gryfdar yn y tîm yma i'w malu nhw a'u haleliwias. Cydiwch yn y bêl. Pasiwch hi allan a RHEDWCH...

GOLYGFA 4

*Cerddoriaeth i doddi mewn i gêm dydd Sadwrn. **Jac** yn wynebu'r awditoriwm (y cae chwarae).*

JAC: Symudwch y bêl, wir Dduw i chi... Anna, be' ddiawl ti'n 'neud yn sefyll yn fan'na, shifftia hi reit handi. Meddylia bo' chdi yn y sêls yn *Cheshire Oaks*.

***Wayne** yn cerdded tuag at **Jac**.*

WAYNE: 'Di'm yn edrych yn rhy dda, nac'di?

JAC: (*Gan edrych ar ei wats*) All lot ddigwydd mewn pum munud 'sti.

WAYNE: Ti'n trio deud bod chdi 'di bod yn ymarfer efo rhain ddwywaith yr w'thnos ers mis a hanner?

JAC: Caea hi.

WAYNE: Wel, unai ma' nhw'n fyddar neu ti'n gachu am hyfforddi.

JAC: Blydi hel, deffra, Siân! Ti fel rhech!

WAYNE: Fetia'i chdi ddeg punt 'nân nhw golli.

JAC: Menna, os ti'n mynnu cicio'r blydi bêl, cicia hi'n iawn... (*codi dau fys*) i chditha hefyd... Siân, ti fel rhech ar lastig, coda'r blydi coesa' 'na, ar 'i hôl hi. *Knock on. Knock on.*

*Sŵn chwiban. Daw **Gareth** tuag atynt yn cario bwced.*

GARETH: Gêm dda, whare teg.

WAYNE: Be'?

GARETH: Y merched yn whare'n deidi.

WAYNE: Ma'r plant 'cw yn chwara'n well yn 'rardd gefn na rhein.

GARETH: Joio, 'na beth sy'n bwysig, ontefe?

JAC: Naci tad, ma' pawb call isio ennill gêm.

GARETH: Licech chi gyfrannu?

JAC: At be'?

GARETH: At yr ysgol – 'na beth yw pwrpas heddi, ontefe?

WAYNE: 'Sgin i'm newid, sori.

JAC: Dw i'n sbïo ar y gêm. *C'mon!*

GARETH: Ma'n flin 'da fi – ddof fi'n nôl 'nes mla'n, 'te.

JAC: 'Na ni, Llinos. Asu! *Merve the Swerve,* welest ti'r *side step* 'na?

WAYNE: Fi ddysgodd y *move* yna iddi.

JAC: Paid â malu cachu – 'i thad ddysgodd hi, 'nde. John oedd y nymbar 8 gora welodd y clwb erioed. Pasia'r bêl, Llinos! Mae'n darllan y gêm 'sti. *Natural!* Beryl, dal d'afael ynddi. Baendiwch arni ... a gwthiwch ... da iawn! Reit, allan â hi ... pasia hi ... pasia'r blydi bêl ... Siân, ti'n fyddar neu ... da'r hogan, reit 'ta, Menna, rheda ... 'na chdi ... rheda ... rheda ... asu, ma' hi'n mynd i sgorio, dw i'm yn coelio hyn, ma' Menna'n mynd i...

Sŵn chwiban.

JAC:	Be' ddiawl... Blydi hel, reffarî, be' sy' haru chdi?
WAYNE:	*Forward pass.*
JAC:	Be'?
WAYNE:	*Forward pass.*
JAC:	Pa bryd?
WAYNE:	Cae Berllan i Menna.
JAC:	Pam ddiawl 'sa'r reffarî 'di chwythu'n syth, 'ta?
WAYNE:	Dw i'm yn gwbod.
JAC:	(*Dan weiddi*) Ti isio blydi sbectol neu be'? Doedd honna ddim yn *forward pass.*
WAYNE:	Oedd, mi oedd hi.
JAC:	Ar ba ochr w't ti?
WAYNE:	'Mond deud dw i.
JAC:	O blydi hel na, Menna. Paid â gwylltio rŵan ... paid â gafael yno fo fel 'na, 'bach o hwyl ydi o'n diwadd... Beryl, g'na rhwbath.

*Yn sydyn gwelwn **Wayne** a **Jac** yn gwingo.*

WAYNE:	Blydi hel!
JAC:	*Bollocks!*
WAYNE:	Awch! Gobeithio bod gynno fo ddau o hyd – ma'n amlwg bo' chdi 'di dysgu rwbath iddyn' nhw wedi'r cwbwl.

JAC: Dw i'm yn coelio bod hi 'di 'neud hynna.

WAYNE: Dw i'm yn meddwl bod y reffarî yn coelio chwaith.

JAC: Bitsh wirion. Cardyn coch.

WAYNE: Be' arall ti'n ddisgw'l i'r c'radur 'neud?

*Gwelir **Menna** yn cerdded atynt, yn fwd i gyd a thymer y diawl arni hi.*

JAC: Hulpan wirion, be' ddiawl ddoth dros dy ben di?

MENNA: *No way* oedd honna'n *forward pass*.

JAC: Ond fo 'di'r reffarî.

MENNA: 'Dio ddiawl o bwys gen i pwy 'di o, doedd honna ddim
            yn *forward pass*.

JAC: Sbïa be' ti 'di 'neud. Mae o 'di rhoi cic gosb iddyn nhw.

MENNA: Coc oen diawl.

JAC: Tydio'm iws rhegi ar y reffarî rŵan. Dy fai di ydi hyn a
            neb arall.

MENNA: Chdi 'di'r coc oen, ddim y reffarî.

JAC: Y fi? Be' 'dw i 'di 'neud?

MENNA: Cwbwl ti 'di 'neud drw'r blydi gêm ydi gweiddi arnan ni –
            sut ddiawl 'dan ni fod i ganolbwyntio a chditha yn cyfarth
            fel rwbath 'im yn gall yn fa'ma.

JAC: 'Sat ti'n sticio at y blydi rheola –

MENNA: Wel, ti'n gwbod lle gei di sticio rheina.

*Wayne yn gwenu wrth weld **Jac** yn cael llond ceg gan **Menna**, a hithau'n sylwi ar hynny. **Gareth** yn cerdded tuag atynt.*

MENNA: (*Wrth Wayne*) A gei ditha' stopio gwenu fath â blydi giât hefyd.

WAYNE: Oes 'na rywun erioed 'di deud 'tha chdi bod chdi'n lyfli pan ti 'di gwylltio?

MENNA: Dos o 'ma. (*Wrth Gareth*) A pwy uffar w't ti?

GARETH: Gareth. Wy'n casglu arian (*ysgwyd y bwced*).

MENNA: Ti'n meindio, 'dan ni ar ganol ca'l ffrae yn fa'ma.

GARETH: O'n i jyst mo'yn gweud bo'r reffarî yn *wrong*, do'dd y *bass* 'na ddim ymla'n.

MENNA: Ti'n gweld, mae o'n cytuno efo fi.

JAC: Tydi hynna ddim yn rhoi'r hawl i chdi labio'r reffarî.

MENNA: Oedd o'n gofyn amdani. (*Troi at Gareth*) Yn'd oedd?

GARETH: Whare teg, fe whythodd e braidd yn hwyr.

MENNA: Asu, rywun efo 'chydig o sens yn y blydi lle 'ma.

JAC: Cer i chwara' efo dy blydi bwcad i rwla, a meindia dy fusnas.

Chwiban yn dynodi diwedd y gêm.

WAYNE: Wel, Jac, dw i'm yn meddwl fydd y WRU ar dy ôl di.

JAC: Wast o amsar, be' ti'n ddisgwl efo blydi genod?

SIÂN CB: Blydi hel, dw i'n marw.

WAYNE: G'na fo'n ddistaw, 'ta.

MENNA: 'Dan ni 'di chwara'n gyts allan fan'na.

WAYNE: Dim ond gêm oedd hi.

LLINOS: Ond oedd hi'n gêm 'san ni 'di medru ennill yn hawdd.

ANNA: (*Yn drwm ei hanadl, ond yn falch*) Ddaethon ni o fewn troedfadd i sgorio.

MENNA: (*Wrth Llinos*) Be', ti'n trio deud 'na 'mai i ydi o bod ni 'di colli?

BERYL: Hei, cŵlia lawr, 'nei di.

LLINOS: Nac'dw siŵr. Dw i'n gwbod ddaru ni gyd drio'n gora', jyst deud dw i bod hi'n bechod bod ni 'di colli. Ond 'na fo, ein gêm gynta ni oedd hi.

SIÂN CB: 'Dan ni'n chwara' eto?

WAYNE: 'Swn i'n rhoi gora iddi rŵan, 'swn i'n chi, cyn i hon (*Siân*) ga'l hartan ac i hon (*Menna*) ffeindio'i hun yn y jêl am leinio'r reffarî.

MENNA: Leinia'i chdi'n munud.

JAC: Gollwch chi bob blydi gêm os chwaraewch chi fel 'na.

MENNA: Gollwn ni bob blydi gêm os wyt ti'n hyfforddi ni.

BERYL: Reit, pwy sy' isio peint?

SIÂN CB: Dw i isio rwbath, ma' nghoesa' i'n teimlo reit wan.

JAC: Dw i 'di haeddu mheint ar ôl hynna.

MENNA: *No way* ti'n cael peint gena i, washi.

JAC: *Deal* 'di *deal* – ddaru ni gytuno.

MENNA: Oedd hynna cyn i ni sylweddoli dy fod ti'n gachu am hyfforddi.

BERYL: (*Wrth Menna*) Paid â bod yn gymint o hen ast.

MENNA: Mae o'n wir. Tasa ni 'di ca'l rywun call i'n dysgu 'san ni 'di curo'n hawdd.

JAC: 'Sa chdi 'di cega llai a gwrando mwy, 'sa 'di bod yn help.

MENNA: Wel, fydd dim raid i chdi boeni ddim mwy, achos 'dan ni'n rhoi'r sac i chdi p'run bynnag. Gei di gadw dy *instructions* a dy *exercises* goc, fyddan ni'n well hebddyn nhw.

JAC: Alli di ddim 'neud hynna.

MENNA: Pam?

JAC: Achos dw i'n ymddiswyddo.

MENNA: Ti'n rhy hwyr, ges di dy sacio gynta'.

JAC: Wel, stwffia dy dîm rygbi 'ta'r ast hyll.

Jac yn cerdded i ffwrdd.

LLINOS: I be' oeddach chdi isio 'neud hynna?

MENNA: Wel, oedd yn hen bryd i rywun ddeud 'tha fo fod o'n hyfforddwr *shit*.

BERYL: Mae o 'di trio'i ora'.

MENNA: Rho'r gora i'w amddiffyn o bob munud.

SIÂN CB: 'San ni byth 'di dod o fewn chwe modfadd i sgorio oni bai am Jac.

MENNA: Troedfadd oedd hi munud yn ôl.

ANNA: Ti'n gwbod yn iawn be' ma' hi'n feddwl.

MENNA: Ylwch, gynna' oeddach chi mor flin â fi fod o'n rhegi cymint arnan ni.

WAYNE: 'Na'i ffor' o, 'de? 'Sdim isio chi gymryd o'n bersonol.

*Daw **Gareth** yn ôl heibio efo'r bwced yn ei law.*

MENNA: 'Sneb yn siarad fel 'na efo fi.

WAYNE: Asu, tasach chi 'di chwara' rygbi rownd y rîl, 'sat ti'n gwbod be' ydi ca'l rhywun yn rhegi go iawn arna' chdi.

GARETH: Ma' fe'n itha reit man 'na, so'r iaith ar y ca' yn lân iawn a gweud y lleia'. Shwmai, Anna.

ANNA: Haia. Welist ti'r gêm?

GARETH: Do. O'n i jest isie gweud 'tho chi bo' fi'n meddwl bo' chi 'di whare'n wych.

SIÂN CB: O chwara' teg i chi.

GARETH: Paid gweud 'chi' 'tho i, sa i mor hen â 'na t'mod.

MENNA: (*Wrth Anna*) Ti am ein cyflwyno ni, 'ta?

ANNA:	Sori, dyma Beryl.
GARETH:	Shwmai, Beryl.
BERYL:	Haia.
MENNA:	Menna dw i. Hai.
GARETH:	Shwmai.
ANNA:	Dyma Siân.
SIÂN CB:	Ia, ond Cae Berllan ma' pawb yn fy ngalw i. Achos Cae Berllan oedd enw ffarm Mam a Dad, wel taid oedd bia'r ffarm yn wreiddiol, ond aeth o'n sâl, a wedyn ddaru Dad...
MENNA:	(*Wrth Siân CB*) 'Di o'm isio gwers blydi hanas.
SIÂN CB:	Sori.
GARETH:	'Sdim isie i ti ymddiheuro, neis cwrdd â ti.
ANNA:	A dyma Llinos a Wayne.
GARETH:	Wy'n siŵr bo' ti'n browd iawn o'r ffor' o'dd hi'n whare mas 'na.
WAYNE:	Wrth gwrs mod i. Dw i'n trio peidio canmol gormod chwaith, rhag ofn iddo fo fynd i'w phen hi.
MENNA:	Ma' Gareth 'ma'n dallt y rygbi 'ma. Ddudodd o bod y reffarî rêl twat yn deud bod y *pass* 'na 'mlaen.
GARETH:	Wedes e ddim cweit 'na.
MENNA:	Na, ond 'nest ti gytuno efo fi, 'do?

GARETH:	Do, ond ma'n rhwydd i fi weud 'na pan 'wy'n sefyll yn gwylio'r gêm. Licen i ddim bo'n ddyfarnwr.

GARETH: Do, ond ma'n rhwydd i fi weud 'na pan 'wy'n sefyll yn gwylio'r gêm. Licen i ddim bo'n ddyfarnwr.

SIÂN CB: Ti'n chwara' dy hun?

MENNA: (*Dan bryfocio*) Paid â bod mor bowld, Cae Berllan.

SIÂN CB: (*Yn ffwndro*) Na, na nid chwara' efo'i hun o'n i'n feddwl.

MENNA: 'Swn i'n rhoi gora' iddi'r munud 'ma 'swn i'n chdi.

SIÂN CB: (*Wrth Gareth*) Sori, nid awgrymu bod ... o blydi hel, be' o'n i'n drio'i ofyn oedd, ti'n chwara' rygbi dy hun?

GARETH: 'Sdim isie i ti fecso, 'wy'n gwbod beth o't ti'n treial 'weud. Do, 'wy 'di whare ambell i gêm.

ANNA: Chdi a dy 'ambell i gêm'. Oedd o'n *semi-professional* am bedwar tymor.

SIÂN CB: Go iawn?

Gareth yn nodio'n smala.

MENNA: Ty'd am beint i'r clwb i ni ga'l yr hanas.

GARETH: 'Sdim byd i'w weud, wir – ma' ddi'n stori ddiflas.

MENNA: Gad i ni benderfynu hynny. Ty'd 'laen. 'Newn ni basio dy fwcad di rownd y bar.

GARETH: Ar un amod 'te – taw fi sy'n prynu, fy ffor' i o 'weud llongyfarchiade a diolch am whare.

Pawb ac eithrio Wayne yn dechrau ymlwybro tuag at y clwb.

WAYNE: 'Sa'm gwell i ti nôl y plant, d'wa'?

LLINOS: Ga' i fynd, am *change*?

WAYNE: Be' am y plant?

LLINOS: Ddudist ti 'sat ti'n nôl nhw o dŷ Mam.

WAYNE: Ti'm yn mynd am beint i wrando ar hwnna yn malu cachu. Chwara' i Lanelli o ddiawl. Pwy mae o'n meddwl ydi o? Tydw i 'rioed 'di clywad enw'r crinc uffarn cyn heddiw.

LLINOS: Nid mynd i wrando arno fo ydw i. Mynd i ga'l peint efo'r genod, i ddathlu bod y gêm drosodd.

WAYNE: Ti'n poeni mwy amdanyn nhw nag amdana' i.

LLINOS: Paid â bod yn wirion. Yli, ti'n gwbod fel ma' Menna yn gallu bod ar y gora'. Beryg eith hi'n flêr os fydd hi a Jac 'di bod yn hel diod yn 'run 'stafall.

WAYNE: Dim dy broblam di 'di hynna.

LLINOS: Ddo'i adra mewn ryw awran.

WAYNE: Blydi hel, Llin, tydi hyn ddim yn deg.

LLINOS: Ddim yn deg? Blydi hel, faint o weithia' dw i 'di gorfod ista mewn, tra ti allan yn mwynhau dy hun yn y clwb?

WAYNE: Ma' hynny'n wahanol.

LLINOS: *C'mon*, Wayne, dan ni 'di bod yn ymarfer ers wsnosa, lleill i gyd 'di mynd. Ti'm yn meddwl mod i'n haeddu fo?... Diolch – ti werth y byd yn grwn, 'sti.

WAYNE: Paid â bod yn hwyr – potal yn y ffrij i ni.

Wayne yn troi ac yn cerdded i ffwrdd.

GOLYGFA 5

Llinos yn gwenu fel giât wrth iddi gerdded tuag at y criw, sy'n eistedd mewn hanner cylch rownd y bwrdd.

MENNA: 'Di o'm ots gin i be' ma'r un ohonach chi'n ei ddeud –
                no way oedd honna'n *forward pass*.

SIÂN CB: Ti'n iawn. Dw i'm yn meddwl 'i bod hi chwaith.

BERYL: Ti fath â tiwn gron Menna.

MENNA: Cwmbaia fy Nuw, cwmbaia!

Daw Llinos atynt.

LLINOS: 'Dach chi'n trafod tactics! Lle ma' Anna?

BERYL: Ma' hi 'di mynd at y bar efo Gareth.

SIÂN CB: Argol, ma' 'mhenaglinia fi'n brifo.

MENNA: Sbïa ar nain yn ista'n gongl yn fan'na.

SIÂN CB: Ddigon hawdd i chdi chwerthin. I chdi ga'l dallt dw i 'di
                bod yn diodda' o *water on the knee* ers o'n i'n bump
                oed.

MENNA: Asu, peth rhyfadd na 'sat ti 'di boddi erbyn hyn.

Daw Anna atynt o gyfeiriad y bar.

MENNA: Anna, lle ddiawl ma'n diodydd ni? Ma' ngwddw i fel twll
                tin camal o sych.

ANNA: Jac sy'n syrfio pawb arall ond Gareth, 'de.

MENNA: Reit, a'i sortio fo allan.

BERYL: 'Stedda di lle w't ti, ti 'di neud digon o ddrwg fel ma' hi.

ANNA: (*Wrth Llinos*) Oedd Gareth isio gwbod be' ti'n yfad.

LLINOS: Gymra i hanner lagyr a leim, plîs.

MENNA: Be' sy' haru chdi, 'dan ni'n dathlu, cym beint, y diawl gwirion.

LLINOS: Oreit, gymra i beint. Ti isio mi ddod efo chdi i nôl nhw?

ANNA: (*Wrth fynd at y bar*) Na, dwi'n meddwl fydd Gareth a fi'n iawn.

BERYL: (*Wrth Llinos*) Be' oeddach chdi'n feddwl ohonyn nhw?

LLINOS: Oeddan nhw'n dda, 'di bod yn chwara' hefo'i gilydd am dipyn 'swn i'n feddwl ond doeddan ni ddim yn *bad* chwaith, a tasan ni 'di ca'l ombach mwy o lwc, dw i'n siŵr 'san ni 'di gallu'u curo nhw.

MENNA: Yn hollol, tasan ni 'di ca'l rhywun call i'n hyfforddi...

LLINOS: (*Yn torri ar ei thraws*) Dim dyna o'n i'n ei feddwl. Oni bai am Jac, fasa hi 'di cachu arnan ni o'r cychwyn.

SIÂN CB: Yn hollol.

BERYL: P'run bynnag, 'bach o hwyl oedd o fod, a gafon ni ddigon o hwnna.

LLINOS: Odd o'n wych...

SIÂN CB: Ond dw i 'di ca'l lot o gleisia hefyd.

*Daw **Gareth** yn ôl o'r bar.*

MENNA: Argol, hync yn dod â lagyr oer i mi – be' arall ma' rywun isio mewn bywyd? Ty'd i ista'n fa'ma.

GARETH: Iechyd, a llongyfarchiada' i chi gyd.

GENOD: Wehei!

Pawb yn codi eu gwydrau, ac yn dechrau yfed.

MENNA: Diolch byth!

BERYL: O'n i angan hwnna!

ANNA: Well i mi watsiad neu fyddwch chi'n cario fi o 'ma.

SIÂN CB: Ugian munud 'di'r cyflyma dw i 'rioed 'di medru yfad peint. A peint o ddŵr oedd hwnnw.

MENNA: 'Swn i'n gallu'ch yfad chi i gyd o dan y bwrdd.

GARETH: Well inni gael *kitty* 'te, ie?

ANNA: Dw i methu aros yn hir.

MENNA: Paid ti â meiddio mynd i nunlla ar ôl ein gêm gynta' ni.

GARETH: Beth wedwn ni, pawb i roi pum punt i mewn?

MENNA: Ia, pam lai? (*Pawb yn rhoi pum punt i mewn i wydr.*) Sut ti'n nabod Anna 'ma 'ta?

GARETH: 'Wy'n dysgu yn yr ysgol, 'da Dylan.

MENNA:	Piti bo' na'm athrawon fel chdi o gwmpas pan o'n i'n yn yr ysgol.
BERYL:	'Sach chdi'm callach p'run bynnag, oeddach chdi byth yn mynd i'r gwersi.
SIÂN CB:	Dysgu *gym* w't ti, ia?
GARETH:	(*Wrth Siân CB*) 'Wy'n dysgu ymarfer corff a tam' bach o gerddoriaeth hefyd.
SIÂN CB:	Neis 'de. Ges i wersi piano pan o'n i'n fach, 'nes i radd dau.
MENNA:	(*Wrth Gareth*) 'Di hynna ddim byd, basis i radd deg am fy sgilia' efo'r organ.
SIÂN CB:	Paid â'u malu nhw, gradd wyth 'di'r ucha' alli di ga'l.
MENNA:	Welist ti ddim be' 'nes i efo organ yr arholwr. 'Falla allwn i roi *recital* i chdi rywbryd.
ANNA:	(*Wrth Gareth*) Sut ma' Carys gen ti dyddia 'ma?
GARETH:	Iawn.
SIÂN CB:	Pwy 'di hon?
ANNA:	Ei gariad o, Carys y Banc.
SIÂN CB:	Ti'n mynd allan efo hi? O ma' hi'n lyfli.
GARETH:	Ydi.

*Daw **Jac** heibio i gasglu gwydrau.*

| JAC: | (*Wrth Anna*) Alli di basio hwnna i fi, plîs? |

GARETH: Wnest ti jobyn dda o hyfforddi'r merched.

*Jac yn anwybyddu **Gareth** yn llwyr.*

LLINOS: (*Yn araf ofalus*) Gwranda Jac ... 'swn i jyst yn licio deud ar ran pawb ohonan ni ... diolch yn fawr i chdi am helpu cymaint arnan ni yn ystod yr wsnosa dwytha 'ma.

ANNA: Clywch clywch.

SIÂN CB: Dw i'n cytuno gant y cant.

BERYL: A finna' hefyd.

MENNA: (*Wrth Gareth*) *So*, oeddach chdi'n chwara'n *semi-professional* oeddach chdi?

LLINOS: 'San ni'n licio prynu peint neu ddau i chdi'n munud.

JAC: Dim diolch.

ANNA: Ty'd 'laen, peth ola' 'dan ni isio'i 'neud ydi dy bechu di.

JAC: Braidd yn hwyr i boeni am hynna, 'tydi?

LLINOS: Yli, ma'n wirioneddol ddrwg gynnon ni, os ydan ni 'di dy frifo di.

JAC: 'Sdim raid i *chdi* ymddiheuro.

MENNA: (*Yn goeglyd*) Os ti'n disgw'l i mi ymddiheuro i chdi, fyddi di'n disgw'l yn hir ar y diawl.

LLINOS: Gwranda, Jac, 'dan ni 'di ca'l uffar o brofiad p'nawn 'ma diolch i ti, a dw i ddim isio meddwl bo' ni'n rhoi ffidil yn to jyst achos hyn. 'Dan ni angan chdi.

MENNA: Shortyn i bawb, ia?

SIÂN CB: Dw i'n iawn.

ANNA: Dim i fi.

*Mae **Menna** yn gadael y llwyfan am y bar.*

JAC: Dw i'm yn cymryd dim mwy o'r malu cachu 'ma. Dydi hi ddim yn gwrando a tydi hi ddim yn cadw at y rheola'. Ma'r reff yn gandryll wrth y bar.

SIÂN CB: Wedi ypsetio ar ôl colli ma' hi, 'sti.

JAC: A dw i 'di ypsetio bo' ni 'di ymarfer am ddau fis dim ond i honna luchio popeth dw i 'di ddysgu iddi yn ôl yn fy ngwynab i.

LLINOS: 'Nei di ddim ail feddwl?

JAC: Na Llinos... dw i 'di laru arni yn cega arna i a be' bynnag, dw i fyny nglustia efo'r clwb tan 'Dolig efo tîm yr hogia a'r *under elevens*. Gwrandwch, dw i'n gorfod mynd nôl i syrfio – ma'r lle 'ma fath â syrcas.

***Jac** yn cerdded i ffwrdd.*

LLINOS: Sori am hyn.

GARETH: Ma'n ocê.

LLINOS: 'Dan ni 'di rhoi gymint i mewn i'r peth.

ANNA: Well i fi fynd.

LLINOS: Pam na gymi di hon a wedyn mynd?

ANNA: Plant angan swpar.

LLINOS: Ia (*yn edrych ar ei wats*).

BERYL: Duda wrtha fo bod tîm y genod yn dathlu.

SIÂN CB: Faint o brês 'nethon ni godi?

BERYL: Ia, gofyn iddo fo, wedyn fydd gynno fo mo'r galon i dynnu ti o 'ma.

ANNA: Fi sy'n poeni (*yn mynd am y ffôn symudol*).

LLINOS: Duda bo' ti'n cael un arall.

ANNA: Ocê, a'i ffonio.

Menna yn dychwelyd gyda diod.

MENNA: *My God*, oedd y reff wrth y bar. Be' sy'?

Saib.

LLINOS: 'Sgynnon ni neb rŵan a dan ni'n ôl lle oeddan ni ar y cychwyn.

MENNA: Ddysgon ni ddim byd gynno fo. Mi oedd dy dad di'n dysgu mwy i ti yn dy napis.

GARETH: O'dd dy dad yn whare rygbi?

LLINOS: Oedd.

GARETH: Pa safle?

LLINOS: Wythwr.

MENNA: Gareth, dim ond pasio a rhedag 'nethon ni, ti'n sbïo ar y genod 'na heddiw – o'dd gynnon nhw sgilia go iawn. Be' o'ddach chdi'n feddwl?

GARETH: 'Nethoch chi'n dda.

SIÂN CB: O ddifri?

GARETH: Do, i ystyried.

LLINOS: Deud yn iawn neu 'nawn ni byth wella.

GARETH: Chi mo'yn y gwir?

PAWB: Yndan.

GARETH: O'r gore 'te. O'n i'n meddwl bod isie i ti, Anna, feddwl yn glouach, cynorthwyo mwy, chwilio am waith, rhedeg yn glouach – jyst mater o ffitrwydd yw 'nna. Beryl, ma' rhaid i ti osod dy stamp ar y gêm yn fwy. Ma' isie i ti wella dy dechneg propo, taclo'n galetach. Menna, so ti'n paso ddigon amal, ti'n treial 'neud gormod 'tho dy hunan, gwaith tîm yw e fod. Ma' hwnna'n wir am bawb. Llinos, ti withe'n dal yn ôl ormod, yn lle mentro a treial dy lwc. A ma' 'da ti, Siân ... lot o ... ysbryd.

SIÂN CB: (*Wedi'i phlesio*) Ti'n meddwl?

GARETH: Os taw 'na oedd eich gêm gynta', ma' 'da chi le i fod yn browd o'r perfformiad.

LLINOS: Felly ti'n meddwl bod gynnon ni botensial?

GARETH: Yffach, o's. 'Da 'bach o hyfforddiant a 'bach o hwn (*pwyntio at ei ben*) allech chi fod yn yffach o dîm cry'.

Saib.

GARETH: Ac os y'ch chi isie ... alla i gynnig 'bach o help?

MENNA: Grêt.

LLINOS: Elli di?

GARETH: Ond bo' chi'n barod i roi yr orie miwn, pob tywydd.

MENNA: Fyddwn ni allan yn yr eira yn' byddwn? Reit, pryd 'dan ni'n cychwyn? Nos Lun?

GARETH: Jiw jiw, ti ar hast.

MENNA: Dw i rili isio cychwyn.

GARETH: Ma' nos Lun yn rhydd ar y funed.

BERYL: Lle dan ni'n ymarfar?

MENNA: Wel, yn fa'ma...

Saib.

MENNA: *Bollocks...* Dos i brynu peint iddo fo.

BERYL: 'Sa dipyn gwell 'sat ti'n g'neud.

MENNA: Alla'i ddim. Dos â hwn iddo fo.

ANNA: Dos di â fo, Menna.

MENNA: Dos â fo, Beryl. Plîs. Mae o 'di gwirioni efo chdi.

Beryl *yn codi.*

BERYL: *God*, pob lwc i mi, 'ta. *Mission impossible*, myn dian i.

Beryl yn cychwyn cerdded i ffwrdd.

MENNA: Beryl – cyn i chdi fynd ... ty'd yma. (*Troi at Gareth*) Dw i
          isio diolch i chdi am ein helpu ni a dwi'n edrych 'mlaen
          yn uffernol at y taclo. I Gareth, yr hyfforddwr newydd!

BERYL: Shsst! Ddim eto neu fydd Jac yn clywad.

Pawb yn syllu at y bar.

GARETH: I ferched Tre Ddôl, 'te?

Pawb: Merchaid Tre Ddôl.

*Pawb yn clecio diodydd a **Beryl** yn mynd i'r bar ac yn gwisgo minlliw yn
gyflym wrth fynd.*

GOLYGFA 6

*Daw **Gareth** atynt efo chwiban ac oriawr.*

GARETH: *C'mon* – heddi nid fory. Ocê, grids gynta'. Pop a phlannu. Ma' isie digon o ddealltwriaeth a chyfathrebu gan bawb. Ocê, dyna ddigon. Reit, 'bach o ffitrwydd. 'Wy mo'yn chi gyd-redeg heb stop am ddeg munud a dilyn y llinell dwy ar hugen, yr ystlysau a'r llinell gais.

SIÂN CB: Fydda'i 'di marw.

ANNA: Ty'd, gymrwn ni'n amser.

MENNA: Ti'n rhedeg efo ni?

GARETH: Wrth gwrs bo' fi.

MENNA: Gawn ni weld os alli di ddal i fyny efo fi.

BERYL: Gwylia rhag baglu dros dy dafod Menna.

GARETH: Deg munud ar y *stopwatch*. Barod?

***Gareth** yn chwythu'i chwiban, a phawb yn dechrau rhedeg. Ar ôl gwneud un lap, mae'n amlwg bod **Siân CB** yn dioddef.*

GARETH: *C'mon*, Siân.

LLINOS: Ti'n iawn?

SIÂN CB: Ydw, tsiampion.

LLINOS: Does na'm lliw rhy dda arnach chdi.

BERYL: 'Nes i'm cysgu'n rhy dda neithiwr, diolch i Menna.

ANNA: 'Sdim isio gofyn efo pwy oedd hi, debyg?

BERYL: Oeddan nhw fath â blydi cwningod.

ANNA: Carys y Banc yn torri'i chalon.

BERYL: Dim *overdraft* i Menna 'lly. Fydd y *cock exchange* yn gweithio *overtime* eto heno.

ANNA: Beryl!

SIÂN CB: Faint s'gynnon ni ar ôl, Anna?

ANNA: Wyth munud.

SIÂN CB: O blydi hel!

Menna a *Gareth* yn rhedeg heibio iddyn nhw.

GARETH: Dewch mla'n, ferched, 'wy mo'yn gweld chi'n whysu. Ty'd, Siân.

MENNA: Ti'm yn ca'l digon o ymarfer corff, Cae Berllan, ma' isio chdi ffeindio dyn i 'neud *workout* efo chdi.

ANNA: Gad lonydd iddi.

SIÂN CB: Ydi o'n trio'n lladd ni neu be'?

BERYL: Sbïa arni hi'n dangos ei hun.

ANNA: Sut goblyn ddaru hi lwyddo i gael ei thin i mewn i'r trowsus 'na?

BERYL: Oedd bywyd yn haws efo Jac.

ANNA: Dw i 'di clywad yn iawn felly.

BERYL:	Be'? Dim ond ffrindia ydan ni.
GARETH:	Ty'd, Siân.
SIÂN CB:	Reit, dyna fo... dim mwy...
LLINOS:	Gareth!
GARETH:	Beth sy'n bod?
SIÂN CB:	Dw i 'di penderfynu. Dydw i ddim isio cario 'mlaen.
LLINOS:	'Sgen ti boen yn dy ochor?
GARETH:	*Stitch*?
MENNA:	Duw, 'swn i'n medru 'neud ugian arall, dim problam.
SIÂN CB:	Na, 'dach chi'm yn dallt, dw i'm isio bod yn ran o'r tîm.
MENNA:	Pwy sy' 'di sbïo'n gam arna chdi rŵan eto?
SIÂN CB:	Neb – dwi jyst ddim yn licio hyn.
LLINOS:	Licio be'?
SIÂN CB:	Ymarfar, rhedag, chwara'. Bob dim.
BERYL:	Be' sy'?
LLINOS:	Siân sy' isio stopio chwara'.
ANNA:	Nag wyt, tad.
SIÂN CB:	Dw i'n gwbod mod i'n *crap* a dyna'i diwadd hi, reit?
LLINOS:	Ond ti'n ran o'r tîm.

SIÂN CB:	Wel, dw i'n sori, ond tydw i ddim isio bod bellach.
MENNA:	Alli di'm rhoi gora' iddi rŵan – ma' gynno ni'n gêm gynta' ni ddydd Sadwrn.
SIÂN CB:	Ylwch, 'sa'n well gin i drefnu bysia' a ballu i'r tîm.
MENNA:	Blydi grêt.
LLINOS:	Gad lonydd iddi. Fysa hynna'n grêt, Siân.
GARETH:	Ma' Llinos yn reit. Os nag yw Siân mo'yn whare, dylen ni barchu 'na.
MENNA:	Pwy gawn ni i chwara' yn ei lle hi?
GARETH:	'Sdim problem 'bytu 'na, alle Anna fynd ar yr asgell.
LLINOS:	Be' am y safleoedd eraill?
GARETH:	Fel ni 'di ymarfer. Beryl i whare fel prop, Menna, blaen asgellwr a Llinos yn wythwr.
MENNA:	Pwy 'di'r capten?
GARETH:	Llinos... ma' fe'n 'neud sens.
MENNA:	*C'mon*, 'dan ni fod i 'neud deg munud.

Menna yn dechra rhedeg unwaith eto.

LLINOS:	Diolch, Gareth.
GARETH:	Ti yw'r gore. Siân, y *stopwatch*.

Gareth yn rhoi'r oriawr iddi.

| SIÂN CB: | Diolch, Gareth. |

58

GOLYGFA 7

Llinos yn cerdded i mewn i ystafell fyw ei thŷ, ac yn baglu gan ddisgyn ar lawr – mae hi'n amlwg wedi meddwi.

LLINOS: (*Dan chwerthin*) Wps!

*Daw **Wayne** drwodd.*

WAYNE: Be' ddiawl haru chdi?

LLINOS: Haia, *gorgeous*, sut w't ti?

WAYNE: Well o beth coblyn 'na chdi.

LLINOS: Faint o'r gloch 'di?

WAYNE: Hanner nos.

LLINOS: Asu, ti'n ffeindio bod amser yn fflïo'n gynt dyddia' 'ma?

WAYNE: Callia, 'nei 'di.

LLINOS: Hisshht, ma'r plant yn trio cysgu.

WAYNE: Dw i'n gwbod – fi roddodd nhw yn eu gwlâu.

LLINOS: Olreit, olreit, 'sdim isio chdi weiddi.

WAYNE: Faint w't ti 'di yfed?

LLINOS: Dim llawer.

WAYNE: Ti'n drewi fel blydi bragdy.

LLINOS: Dyna oedd nain yn arfar ddeud wrth taid bob nos Sadwrn 'sti – oeddach chdi'n gwbod hynna?

WAYNE: Coda ar dy draed, wir Dduw i chdi.

LLINOS: Dw i'n licio bod fa'ma, ty'd i orfadd wrth fy ochr i.

WAYNE: Lle ddiawl w't ti 'di bod?

LLINOS: Capal.

Llinos yn chwerthin yn uchel.

LLINOS: Lle ti'n feddwl dw i 'di bod?

WAYNE: 'Sgin ti'm c'wilydd?

LLINOS: C'wilydd? Nago's.

Wayne yn edrych arni ac yn ysgwyd ei ben, ac yn rhegi dan ei wynt.

LLINOS: Pam ti'n ysgwyd dy ben fel 'na?

WAYNE: Asu, tyfa fyny, wir Dduw.

LLINOS: Ti'n debyg i un o'r cŵn 'na oedd yng nghefn ceir pobl ers talwm, ti'n cofio nhw? Eu penna' nhw'n mynd bob tro oedd y car yn symud. Fel hyn.

Llinos yn codi ar ei heistedd, yn nodio'i phen ac yn chwerthin yn uchel. Wayne yn cydio ynddi a'i hysgwyd.

WAYNE: Callia.

LLINOS: Gad lonydd i mi. Ti'n fy mrifo i.

WAYNE: Ti fel rwbath chwarter call.

LLINOS:	Be' sy'n bod arnach chdi?
WAYNE:	Arna i? Chdi sy'n actio fel blydi clown.
LLINOS:	Ma' gin i hawl i actio 'fath â blydi clown, dw i'n dathlu.
WAYNE:	Dathlu be'?
LLINOS:	Dan ni 'di ennill ein gêm gynta' ni, a fi oedd y capten.
WAYNE:	Be'?
LLINOS:	Ddaru ni ennill, a fi oedd y capten. Yahoo!

Wayne yn edrych arni, cyn mynd i nôl paced sigaréts a thanio un.

WAYNE:	(*Dan chwerthin yn ddilornus*) Tîm blydi Mickey Mouse.
LLINOS:	Be'?
WAYNE:	Glywis di'n iawn. Nonsans ydi'r cwbwl. Ma' pawb hyd y lle 'ma'n chwerthin am eich penna' chi.
LLINOS:	Nac'dyn.
WAYNE:	Ydyn, tad – ac ma'n bryd i chdi sylweddoli hynny hefyd. Os oeddach chi isio neud rhwbath i godi pres at yr ysgol, digon teg, ond ma'r peth 'di mynd yn rhy bell rŵan.
LLINOS:	Be'?
WAYNE:	Tydi'r peth ddim yn neud sens ... trio actio fel dynion, yn cyboli bo' chi'n *tough* ac yn slochian yn y clwb wedyn. Tydi o jyst ddim yn ... normal.
LLINOS:	Normal?

WAYNE: Ia.

LLINOS: Be' ydi normal i chdi 'ta? Fi'n golchi llestri a g'neud bwyd erbyn i chdi ddod adra, ia?

Wayne yn dweud dim, dim ond yn syllu arni.

LLINOS: Wel? Dyna 'di normal, ia?

WAYNE: Rho gora' iddi.

LLINOS: Be' sy'? Y wraig fach 'di bod yn hogan ddrwg ddrwg ddrwg... ew, ddylia hynna ddim digwydd.

WAYNE: Bydd ddistaw.

LLINOS: Neu be'? Fydd raid chdi ddysgu gwers i dy wraig fach ddrwg. Sut 'nei di hynna d'wad? Rhoi chwip din iddi, ei growndio hi?

WAYNE: Cau dy blydi ceg.

LLINOS: Tydan ni ddim yn byw mewn ogofâu bellach.

WAYNE: Nac'dan, 'dan ni'n byw mewn tŷ efo dau o blant – ti'n cofio nhw?

LLINOS: Paid ti â meiddio llusgo nhw mewn i hyn.

WAYNE: Ti'n gwbod be' ofynnodd Eilir heno? Pam doeddach chdi'm yn darllen stori iddo fo dyddia' 'ma. Oedd o'n poeni bod o 'di g'neud rhwbath o'i le.

LLINOS: Be' ddudist ti?

WAYNE: Deud bod chdi'n rhy brysur yn mwynhau dy hun i adrodd stori iddyn nhw.

LLINOS: Basdad.

WAYNE: Pam, be' ddudis i o'i le? Dyna 'di'r gwir, 'de?

LLINOS: Nest ti ddarllan stori iddo fo?

WAYNE: Be' ti'n feddwl?

GOLYGFA 8

Llinos ar ei gliniau yn ceisio casglu'r siopa ynghyd.

GARETH: Haia!

LLINOS: (*Mewn embaras*) O, helo.

GARETH: Ti'n ocê?

LLINOS: Yndw, fi oedd yn fy myd bach fy hun.

Gareth yn mynd ar ei bengliniau i helpu Llinos i gasglu'r nwyddau ynghyd.

GARETH: (*Yn ysgafn*) 'Di bod yn hala dy arian 'yt ti?

LLINOS: Ia ia. 'Di bod yn rhedag w't ti?

GARETH: (*Yn pryfocio*) Nage, cwcan. 'Wy ishws 'di neud naw milltir, naw arall a fydda'i 'di cwpla.

LLINOS: Ti'n rhedeg deunaw milltir?

GARETH: Bob dydd. Yn fy awr ginio (*gwenu*). 'Sdim byd arall yn well na chlirio'r pen a hala amser i feddwl.

LLINOS: Dw i'n meddwl 'swn i'n gallu rhedeg i ebargofiant ac yn ôl.

GARETH: Pam? Beth sy'n bod?

LLINOS: Dim, paid â chymryd sylw ohona'i.

GARETH: Ti mo'yn help 'da'r bagie 'ma?

LLINOS: (*Yn araf*) Na, dwi'n iawn, diolch.

GARETH: Wel, well i mi throi hi 'te.

LLINOS: Ia.

GARETH: Wela i di yn ymarfer nos Iau?

LLINOS: Ia.

*Gareth ar fin ail-gychwyn rhedeg pan mae **Llinos** yn gweiddi ar ei ôl.*

LLINOS: Ti isio dŵr neu rwbath?

GARETH: Na, 'wy'n iawn, diolch.

Llinos yn ceisio celu ei siom.

GARETH: Ond 'dden i'm yn gwrthod lagyr.

LLINOS: Yn dy awr ginio?

*Gareth yn dilyn **Llinos** i mewn i'r tŷ – hithau'n ceisio tacluso ychydig ar y lle, ac yn rhoi'r bagiau sydd yn ei dwylo ar y bwrdd.*

LLINOS: Sori am y llanast 'ma.

GARETH: Pwy lanast?

LLINOS: Ddudis i wrth y plant am gliro'u tegana' cyn iddyn nhw fynd i'r ysgol. Stedda.

GARETH: Diolch...

LLINOS: (*Yn mynd i estyn can iddo*) Efo'r holl 'nialwch hyd y lle 'ma, 'sat ti'n meddwl bod gin i ddeg o blant.

GARETH: Dou 'sda ti, ife?

LLINOS:	Ia, wel tri os ti'n cynnwys Wayne. Efo fo ma'r gwaith mwya'.
GARETH:	Iechyd.
LLINOS:	Iechyd.
GARETH:	Beth yw'r achlysur, 'te?
LLINOS:	Be'?
GARETH:	Y ffrog newydd.
LLINOS:	O dim byd, jyst ffansi'i phrynu hi.
GARETH:	Whare' teg i ti.
LLINOS:	Beryg ma' mynd â hi nôl 'na'i.
GARETH:	(*Dan chwerthin*) Pam?
LLINOS:	Mi dria'i hi, ac os na fydda' i'n licio hi, a'i â hi'n ôl.
GARETH:	Ond o't ti'n ei lico 'ddi yn y siop?
LLINOS:	O'n, ond matar gwahanol ydi'i thrio hi'n tŷ.
GARETH:	(*Hanner gwenu mewn penbleth*) Gwed ti.
LLINOS:	Be' sy' mor ddoniol?
GARETH:	So fe'n 'neud lot o sens i fi, 'na'i gyd.
LLINOS:	*C'mon* – genod a siopa. Tydi synnwyr cyffredin ddim yn dod i mewn i'r peth.
GARETH:	Ma'n amlwg bo' 'da fi lot i ddysgu.

LLINOS:	Paid â trio deud nad ydi Menna yn gwneud yr un peth?
GARETH:	Sa i'n gwbod ... sa i 'di sylwi.
LLINOS:	(*Yn gyfeillgar*) Rêl dyn, 'de, poeni dim, cyn bellad bod bwyd ar bwrdd a trôns glân yn y cwpwrdd.
GARETH:	'Wy'n smwddo 'nillad yn hunan.
LLINOS:	Chwara' teg i ti, a be' am rai Menna – ti'n smwddio ei dillad hi hefyd?
GARETH:	Nagw.
LLINOS:	(*Yn ysgafn*) Rhag dy g'wilydd di.
GARETH:	So ni mor agos â 'na, t'mod.
LLINOS:	Ma'n amlwg ei bod hi 'di gwirioni efo chdi.
GARETH:	Gwed ti.
LLINOS:	Beryl 'di laru clywed dy enw yn ca'l ei ynganu bob awr o'r dydd.
GARETH:	Ma' Menna yn lot o sbort ond...
LLINOS:	Ia?
GARETH:	Wel ... so'r ddou o'n ni mo'yn cweit yr un peth.
LLINOS:	Felly 'sdim isio mi fynd i brynu het newydd am sbel eto.
GARETH:	Na. Paid â nghamddyall i, ma' 'ddi'n ferch grêt a phethach, ond 'yt ti'n meddwl o ddifri bo' ni'n siwtio'n gilydd?

LLINOS: Dwn i'm. Dibynnu pa fath o hogan sy'n apelio ata chdi, ma'n siŵr.

Gareth yn edrych arni.

GARETH: Ody.

Y ddau'n edrych ar ei gilydd. Saib.

LLINOS: 'Sat ti'n licio bechdan neu rwbath?

GARETH: 'Sa i'n bwyta amser cinio.

Llinos yn penderfynu codi er mwyn cael rywfaint o bellter rhyngddi hi a Gareth.

LLINOS: Beryg 'sa'n well i mi drio tacluso ombach ar y lle 'ma. Yfad yn p'nawn yn *fatal* i mi, beryg 'swn i'n syrthio i gysgu, a finna' efo cant a mil o betha' isio'u g'neud.

GARETH: 'Sdim rhyfedd bo' ti mor ffit ar y ca' rygbi 'na, so ti'n ishte'n llonydd am bum muned.

LLINOS: 'Sgin i'm lot o ddewis ond rhedag rownd lle 'ma fel ffŵl.

GARETH: 'Weden i bo' angen brêc 'not ti.

LLINOS: (*Yn ysgafn*) Lle ti am fynd â fi, 'ta?

GARETH: Llunden.

LLINOS: O'n i'n meddwl yn siŵr fasa chdi'n mynd â fi i Paris o leia'.

GARETH: 'Wy o ddifri, t'mod. Ma'r bachan hyn o'dd yn coleg 'da fi yn hyfforddi tîm o fenywod yn Richmond, a ma' fe mo'yn trefnu *friendly* 'da chi ... mewn 'chydig o fisoedd ... sa'i

Gareth (parhad): 'di sôn wrth y gweddill. O'n i mo'yn gwbod os fyddet ti'n dod gynta', cyn trefnu dim byd. Bydde cwpwl o ddwrnode bant o'r lle hyn yn gyfle i joio tam' bach. Sefyll mewn gwesty bach teidi ... pryd deche o fwyd ... poteled neis o win... Cofia, bydde rhaid ymarfer yn gyson cyn bo' ni mynd lawr 'no... Dere, plîs, gelen ni lot o sbort.

LLINOS: Dw i'm 'di bod yn Llundain.

GARETH: Allet ti wisgo dy ffrog newydd a phopeth.

*Gareth yn cusanu **Llinos**.*

GOLYGFA 9

*Yn raddol, rydym yn toddi i'r cae ymarfer, a **Llinos** a **Gareth** yn amlwg yn mwynhau ac yn ymddwyn fel plant ysgol. Mae **Llinos** ar ei gliniau wrth ochr **Gareth**, sydd yn gwneud* press-ups.

GARETH: Dere, fi mo'yn deg arall.

LLINOS: (*Yn annwyl*) Ty'd, g'na fo efo fi.

GARETH: Paid. Bydd y merched 'ma mewn muned.

LLINOS: Ma' nhw wastad yn hwyr.

*Mae **Llinos** yn tynnu **Gareth** i'r ddaear yn chwareus ac yn ei gadw yno. Mae'n rhoi cusan iddo.*

GARETH: (*Dan chwerthin*) Hei, Llinos.

***Gareth** yn codi ar ei draed.*

LLINOS: Be' sy?

GARETH: Bydd Menna'n ôl yn y funed.

LLINOS: Ddudwn ni bod chdi'n dysgu fi sut i wella'n *press-ups*.

GARETH: So ni mo'yn iddyn nhw ame dim, y'n ni, yn enwedig cyn Richmond.

LLINOS: (*Yn sych*) Be' sy', ofn i Menna ffeindio w't ti?

GARETH: Ti'n gwbod nag yw Menna yn golygu dim i fi.

LLINOS: Gorffenna efo hi, 'ta.

GARETH: Bydde 'na ond yn g'neud pethe'n lletwhith i ti a fi.

LLINOS: 'Sa'n g'neud petha'n haws yn Llundan.

GARETH: (*Ar ei thraws*) 'Wy 'di sorto popeth mas. Fydd trwy'r nos Wener 'dan ni.

*Daw **Siân CB** ac **Anna** atynt.*

ANNA: Haia!

LLINOS: Hai.

SIÂN CB: Chi sy'n gynnar 'ta ni sy'n hwyr?

GARETH: (*Efo'i gilydd*) Ni sy'n gynnar.

LLINOS: (*Efo'i gilydd*) Chi sy'n hwyr.

*Daw **Menna** a **Beryl** atynt.*

SIÂN CB: Haia! 'Dach chi'n iawn?

MENNA: Dw i'n iawn 'de, ond 'swn i'm yn pryfocio gormod ar Beryl heno.

SIÂN CB: Pam? Be' sy'n bod?

MENNA: Jac sy' 'di mynd efo'r côr i Iwerddon, 'de.

SIÂN CB: Wyddwn i ddim bod Jac yn medru canu.

MENNA: Tydi o ddim, siŵr Dduw, mynd yno am Guinness ma'r diawl.

GARETH: Dewch mewn... Reit 'te, cyn i ni ddechre, ma' 'da fi newyddion da a newyddion drwg i chi – p'run licech chi gynta'?

SIÂN CB: (*Yn ysgafn*) O blydi hel, ma' hyn yn swnio'n *serious*.

GARETH: Wel?

BERYL: Ty'd â'r newyddion da i ni'n gynta'.

GARETH: O'r gore 'te. Y'ch chi'n gwbod beth ni'n ddathlu dechre mish nesa'?

MENNA: Na?

GARETH: Dechre mish nesa' fydd hi'n whech mish ers i fi ddechre'ch hyfforddi chi, ac i ddathlu 'wy 'di trefnu sypreis i chi.

SIÂN CB: Be' ydi o?

GARETH: 'Wy 'di trefnu penwthnos bant i ni gyd.

MENNA: Asu, *dirty weekend* – grêt.

GARETH: (*Yn smala*) Ddim cweit, 'wy 'di trefnu bo' ni'n whare gêm gyfeillgar yn Llunden.

GENOD: Weeeeeehei!

GARETH: 5ed o Ebrill. Ni'n mynd lawr ar y nos Wener a 'nôl ar nos Sadwrn.

ANNA: Llundain – ti'n sylweddoli bod gin rai ohonan ni blant?

GARETH: Allen ni drafeili nôl a mla'n yr un dwrnod os oes well 'da chi...

MENNA: (*Ar ei draws*) Be', a cholli'r cyfla i ga'l 'bach o hwyl? *No way*.

SIÂN CB:	Fydd 'na amser i 'neud 'bach o siopa hefyd?
GARETH:	Siŵr o fod, ond ni'n mynd 'na i whare rygbi 'fyd.
LLINOS:	Ty'd Anna, gawn ni'n sbwylio'n racs mewn gwesty crand.
SIÂN CB:	Sut ti'n gwbod bo' ni'n aros mewn gwesty crand?
GARETH:	Wel, os ydan ni'n mynd mor bell â hynna, waeth inni 'neud sioe iawn ohoni ddim.
SIÂN CB:	Yn job i 'di trefnu petha fela, a mi 'na i'n siŵr...
GARETH:	'Sdim isie i ti fecso bytu 'ny, 'wy ishws 'di trefnu gwesty.
SIÂN CB:	Fi ydi'r swyddog teithio.
GARETH:	O'n i mo'yn iddo fe fod yn sypreis, Siân.
BERYL:	Pwy ydan ni'n chwara'?
GARETH:	Richmond. Wel 'na'r newyddion drwg t'wel. Os y'chi mo'yn curo Richmond, ma'n rhaid i chi whare'n well na'r hyn y'ch chi wedi'i 'neud yn ddiweddar. (*Edrych ar Llinos*)
MENNA:	O, *shit*.
GARETH:	Be' sy'n bod?
MENNA:	Dw i'n gweithio ar y nos Wenar.
GARETH:	Paid â becso, alli di dal ddod lawr.
MENNA:	Sut?

GARETH: Dere lawr ar y tren bore dydd Sadwrn ar gyfer y gêm.

MENNA: Be? A cholli noson allan efo chi lot? *No way,* a'i ar y sic.

ANNA: Ar y be'?

MENNA: Ar y sic. Dwi'n gweithio'n ddigon calad yn y blydi 'sbyty 'na. Pa gyfla ga'i i fynd i Lundan eto?

GARETH: Ma' digon o drenne cynnar – gelli di fod lawr erbyn unarddeg.

MENNA: Ar ôl i chdi fynd i'r holl draffarth – *no way.*

GARETH: 'Wy ddim isie i ti fynd i drwbwl yn gwaith.

MENNA: Fydd na'm problam, siŵr. Fydd 'na neb callach a dw i'n slafio ddigon yna bob wsnos.

GARETH: Meddwl amdano ti 'yf i.

MENNA: (*Rhoi cusan i Gareth*) Ti'n gariad, Gar. Chwara' teg i chdi am drefnu bob dim, dw i'n meddwl 'i fod o'n ffantastig.

BERYL: Ti'n gêm hefyd, 'dwyt, Anna?

ANNA: Duw, sortia'i rwbath allan efo Dylan.

*Menna yn cusanu **Gareth** yn nwydus, ac yntau yn tynnu'n ôl.*

MENNA: Hei, be' sy'n bod?

GARETH: Ma' 'dan ni lot o waith i 'neud cyn gêm Richmond. Ffitrwydd. Hanner awr o sbrints a gwaith caled. *C'mon,* glou.

GOLYGFA 10

*Stryd y dref. Gwelir **Menna** yn gwthio **Siân CB** mewn troli archfarchnad.*

Y GENOD: 'Dan ni yma o hyd...'

SIÂN CB: Arafa lawr, ma'r lle 'ma'n *thirty*. Menaaaaa!

LLINOS: Bydd yn ofalus, Menna!

SIÂN CB: *Oh my God!* (*yn codi allan ohono fo*) Dw i'm 'di g'neud hynna ers Ffair Borth.

MENNA: Reit, lle 'dan ni'n mynd nesa'?

LLINOS: Ti'm yn meddwl bod chi 'di ca'l digon fel ma' hi?

MENNA: Do, ond da ni'n dathlu. Da ni'n mynd i Richmond. Reit. Asu, dal y peth ma'n sownd.

Siân CB yn dechrau canu.

MENNA: Reit, hishhht! Dw i isio deud rwbath. Do'n i'm yn meddwl 'swn i'n enjoio'r rygbi 'ma i ddechra', ond dyna un o'r petha' gora' sy' 'di digwydd i mi. Dw i'n chwara' efo uffar o griw iawn. (*Yn feddw hyderus tuag at Llinos*) Er mod i'n jelys ohonach chdi ar y dechra', ti'n uffar o gapten da – ti'n cega ac yn gweiddi arna i, ond ti'n ocê.

LLINOS: Diolch.

MENNA: Ac oedd y cais 'na sgorist di p'nawn Sadwrn yn blydi anhygoel.

LLINOS: Ddaru ni gyd chwara'n dda.

MENNA: Dw i'n gwbod hynna, ond 'san ni byth 'di ennill 'blaw am y gais 'na, ac os chwaraei di fel 'na'n erbyn Richmond dydd Sadwrn, 'dan ni'n siŵr o'u stwffio nhw, 'tydan, Gareth?

Gareth yn torri gwynt ac yn chwerthin.

ANNA: Lle 'dan ni'n mynd rŵan? At y bont ac yn ôl.

MENNA: Hei, 'sgiws mi, dw i'm 'di gorffan siarad eto.

LLINOS: (*Wrth Gareth*) Gawn ni fynd i siarad i rwla, plîs.

SIÂN CB: Duw, ia, iawn, am be'?

LLINOS: Efo Gareth o'n i'n siarad.

GARETH: Beth ti mo'yn?

LLINOS: Dwi'n poeni am y gêm dydd Sadwrn a –

GARETH: Hei hei hei. Cwl hed, capten.

LLINOS: Plîs sobra, 'nei di?

GARETH: Sortia i fe mas.

SIÂN CB: Gawn ni fynd i'r *Black Lion*?

*Gareth yn mynd i afael ynddi, **Llinos** yn symud oddi wrtho wrth iddi weld **Jac** yn dod. Daw i'r golwg yn cario bag plastig yn ei law. Y genod yn gwneud sŵn lawr y stryd.*

MENNA: Jac, Jac, *I'm on top of the world...*

JAC: Asu, be' dach chi'n 'neud? O'n i'n gallu'ch clywad chi o ben draw'r stryd.

Beryl yn rhedeg at Jac, gafael yn y bag plastig a mynd i lawr y lôn. Sŵn Beryl yn chwydu.

SIÂN CB: 'Sdim byd gwaeth na dynas yn methu dal ei diod.

Jac yn syllu ar Gareth.

JAC: Faint dach chi 'di yfad?

ANNA: (*Wrth Beryl*) Ti'n iawn?

Cerdda Beryl yn ôl yn araf tuag at weddill y criw.

BERYL: Sut ddiawl dw i 'di chwydu moron? Dw i'm 'di twtsiad nhw ers blynyddoedd.

JAC: Dw i'm isio fo'n ôl, lluchia fo.

BERYL: Be' oedd ynddo fo?

JAC: *Chips.*

BERYL: Sori.

JAC: Dw i'n meddwl bod hi'n amser i chdi fynd adra.

SIÂN CB: Ond dw i isio mynd i'r *Black Lion*.

PAWB: Ma'r blydi lle 'di cau lawr.

SIÂN CB: (*Dan wenu*) Jyst tsiecio i 'neud yn siŵr bo' chi'n cofio.

BERYL: Uffar, ma' mhen i'n troi.

Siân CB yn mynd drwy'i phocedi ac yn chwilio yn ei bag llaw.

JAC: Ty'd.

GARETH: (*Wrth Jac*) Ie, 'na fe, cer â hi gartre, a rho 'ddi yn y
             gwely.

*Beryl a **Jac** yn cerdded lawr y stryd.*

MENNA: (*Wrth Gareth*) Reit, gei di wthio fi adra.

GARETH: Yffarn, beth ti'n feddwl y'f i?

SIÂN CB: O, na...

ANNA: Be' sy'?

SIÂN CB: Dw i 'di colli'n ngoriada'.

LLINOS: Blydi hel, Cae Berllan, ti'n *hopeless*.

MENNA: 'Dach chi'n mynd i fod yn olreit?

LLINOS: (*Yn sych*) Beryg fydd raid i ni fod, bydd?

MENNA: Nos dawch, y 'ffernols, welan ni chi dydd Gwenar.

GARETH: Cofiwch am y bws...

*Gareth a **Menna** yn mynd i lawr y stryd.*

SIÂN CB: O, *shit*, dw i 'di gadal nhw yn y *Ship*. Be' 'sa rhywun 'di
             dwyn nhw, ma' gin i Kyffin gwreiddiol yn y *lounge*.

ANNA: Ffonia nhw peth cynta'n bore.

SIÂN CB: Ond lle dwi'n mynd i gysgu heno? Dw i'm isio cysgu yn
             y parc.

LLINOS: (*Yn ddiamynedd*) Paid â bod mor blydi dramatig, gei di
             ddod adra efo fi.

78

ANNA: Llinos, ti'n olreit?

LLINOS: (*Heb argyhoeddiad*) Yndw.

ANNA: (*Yn garedig*) Hefo fi ti'n siarad rŵan, 'sti.

Saib.

LLINOS: Jyst 'di blino dw i, 'na'r cwbwl.

Siân CB: Finna 'fyd. (*Yn mynd i mewn i'r troli*)

ANNA: Ti 'di bod yn dawal drw'r nos.

LLINOS: Dw i'n iawn, wir i ti.

ANNA: Ydi pob dim yn iawn adra?

LLINOS: Fel ma' nhw, 'de.

ANNA: Wel, ffonia fi os ti isio unrhyw beth. Ta-ra.

***Anna** yn cychwyn am adref.*

SIÂN CB: Ma' gin Gareth lais neis, 'does? Mae o'n gallu 'neud bob dim, tydi? Mae o'n garedig ac yn annwyl ac yn *good shag* 'swn i'n ddeud. Lwcus 'de?

LLINOS: Ty'd adra, Siân. Ty'd.

***Llinos** yn gwthio'r troli yn ddistaw i lawr y stryd.*

GOLYGFA 11

*Mae **Wayne** yn eistedd ar y soffa, yn neidio o'r naill sianel deledu i'r llall efo'r rheolydd o bell. Pan glyw y drws yn agor, mae'n edrych ar ei oriawr.*

SIÂN CB: Haia!

WAYNE: (*Yn bigog*) Be' uffar ma' hi'n da 'ma?

LLINOS: Ma' hi 'di colli'i goriada'.

SIÂN CB: (*Wrth Wayne*) Tydwi'n wirion, d'wad?

LLINOS: (*Wrth Wayne*) Sori.

SIÂN CB: Na, fi ddylia ddeud sori, achos fi sy' 'di colli nhw, ond dw i'm yn gwbod yn lle chwaith. (*Dechrau chwerthin*) Er, 'swn i'n gwbod lle nes i golli nhw, 'swn i'm wedi colli nhw, na 'swn?

*Llinos yn rhoi **Siân CB** i eistedd ar y soffa.*

LLINOS: Stedda'n fan'na, a'i 'neud coffi i chdi.

SIÂN CB: Ma' Llinos 'ma'n gariad, 'sti, ffrind gora' s'gin i yn yr hen fyd 'ma.

WAYNE: (*Yn swta*) Duda di.

*Llinos yn mynd drwodd i'r gegin. **Wayne** yn edrych ar **Siân CB**, hitha'n edrych arno fo.*

SIÂN CB: (*Wrth Wayne*) Wel, sut ti'n cadw? Tydw i'm 'di dy weld di ers hydoedd.

WAYNE: Welis i chdi amser cinio.

SIÂN CB: Do? Felly, sut ti 'di bod ers amser cinio, 'ta?

WAYNE: Iawn.

SIÂN CB: Gest ti b'nawn prysur?

WAYNE: Digon i 'neud.

SIÂN CB: Ma' hynna'n bwysig 'sti, bod gin rhywun ddigon i 'neud.

Saib.

SIÂN CB: Watsho fideo 'ti?

WAYNE: Trio 'de.

SIÂN CB: O, dw i 'di gweld hwn. Mae o'n dda, 'dydi? Mae o 'di marw, 'sdi a does 'na neb yn medru'i weld o, a dim ond yn diwadd ti'n gwbod hynny.

WAYNE: Diolch yn fawr.

SIÂN CB: Be' fuost ti'n 'neud heno, 'ta?

WAYNE: G'neud bwyd i'r plant, a'u rhoi nhw yn eu gwlâu.

SIÂN CB: Chwara' teg – ti'n hen foi iawn, 'sti.

WAYNE: Diolch.

SIÂN CB: Ma' lot yn deud dy fod ti'n goc oen, ond dwi'n meddwl dy fod ti'n ocê. (*Gan gyfeirio at y teledu*) Trist, 'de, mae o'n dal i garu fo 'sdi, a fynta 'di marw.

Wayne *yn edrych arni, ddim yn siŵr sut i ymateb.*

SIÂN CB: 'Swn i'n licio ffeindio dyn, 'sti.

WAYNE: 'Swn i'n chdi, 'swn i'n mwynhau dy ryddid.

SIÂN CB: Dyna ma' pawb yn ddeud, ond eto, 'dach chi gyd 'di priodi. Ma' 'na frân i bob brân yn rwla. Ond ma' rhywun 'di saethu un fi. Er 'wyrach na'i ffeindio un yn Llundain.

WAYNE: Pa bryd ti'n mynd i fan'na?

SIÂN CB: Wel, penwsnos 'de?

WAYNE: Lwcus iawn.

SIÂN CB: Dw i'n edrych ymlaen 'sti, gawn ni andros o hwyl.

WAYNE: Ni? Efo pwy ti'n mynd 'lly?

SIÂN CB: Wel, efo Llinos a'r criw rygbi, 'de?

WAYNE: Be'?

SIÂN CB: Be'?

*Daw **Llinos** yn ôl i mewn i'r ystafell, gyda chwpaned o goffi i'r tri ohonynt.*

LLINOS: Yfa hwn, fydd di'n well yn munud.

WAYNE: Pa bryd oeddach chdi'n mynd i ddeud 'tha' i 'ta?

LLINOS: Deud be'?

WAYNE: Llundain?

***Llinos** yn edrych ar **Siân CB**.*

LLINOS: (*Yn baglu dros ei geiriau*) O'n i'n mynd i ddeud 'tha' chdi heno.

WAYNE:	O ddiawl.
LLINOS:	Wir i chdi, dim ond heno 'nes i benderfynu'n iawn mod i am fynd.
SIÂN CB:	A finna' hefyd.
WAYNE:	Be' 'dach chi'n mynd i 'neud yno?
LLINOS:	Wel, chwara' rygbi, 'de.
SIÂN CB:	*Friendly* 'di. A 'dan ni'n gobeithio 'neud 'bach o siopa hefyd.
WAYNE:	Pam bod chi'n mynd mor blydi pell i chwara' *friendly*?
LLINOS:	Fydd o'n gyfla i ga'l chwara' rywun gwahanol, ac ma'n debyg eu bod nhw'n dîm eitha' da.
SIÂN CB:	A dathlu bod ni yma o hyd ers chwe mis.
WAYNE:	Pwy drefnodd hyn i gyd?
SIÂN CB:	Wel...
LLINOS:	(*Ar ei thraws*) Rywun o Richmond na'th gysylltu efo rywun o'r clwb, ma'n debyg.
WAYNE:	Ers pryd ma' hyn 'di'i drefnu, 'ta?
LLINOS:	Ma' 'na ryw sôn 'di bod ers sbel, ond dim ond wsnos yma 'dan ni 'di ca'l gwbod yn bendant.
WAYNE:	Pam 'sa chdi'm 'di deud 'tha i'n gynt?
LLINOS:	Dw i newydd ddeud 'thach chdi, do'n i'm yn gwbod tan wsnos yma.

WAYNE: A be', oeddach chdi am fynd, jyst fel 'na?

Wayne yn clicio'i fysedd.

LLINOS: O'n i'n gwbod ma' fel hyn fasa chdi.

WAYNE: Sut ddiawl arall ti'n disgw'l i fi fod?

LLINOS: Ti'n gwbod faint ma' rygbi yn ei olygu i fi.

WAYNE: Mwy na fi, ma'n amlwg. Pwy sy'n mynd i gyd?

LLINOS: Wel, y genod sy'n y tîm.

SIÂN CB: Ma' Gareth 'di trefnu bob dim, trio rhoi sypreis neis inni o'dd o – annwyl, 'de?

WAYNE: (*Yn edrych ar Llinos*) Annwyl iawn. (*Saib*) Ydi'r bỳs yn llawn?

SIÂN CB: 'Swn i'm yn meddwl.

*Wrth i **Wayne** ddweud y canlynol, mae'n edrych ar **Llinos** yn eitha' herfeiddiol, ac yn ceisio gweld sut mae hi'n ymateb.*

WAYNE: Ddo'i efo chi.

LLINOS: Be'?

WAYNE: Dw i'm 'di bod lawr yn Llundain ers i Gymru guro Lloegr yn Wembley. 'Sa ca'l sesiwn 'na reit neis.

LLINOS: Ti'm o ddifri?

WAYNE: Dw i hollol o ddifri.

LLINOS: Ond alli di ddim.

WAYNE: Pam? Ti wastad yn cwyno mod i'm yn dangos digon o ddiddordeb pan ti'n chwara' rygbi, felly peth lleia' alla'i 'neud ydi dod lawr efo chi.

SIÂN CB: O 'sa hynna'n lyfli, chwara' teg i ti.

LLINOS: Be' am y plant?

WAYNE: Ia, be' amdanyn nhw?

Llinos yn methu ateb.

WAYNE: Disgw'l i fi edrych ar eu hola' nhw eto, ia? Gofyn i dy fam ti fel arfar.

LLINOS: Dydi hi'm yn gallu g'neud.

WAYNE: Wel, fydd raid i rywun arall edrych ar eu hola' nhw, 'ta.

LLINOS: Dim pysgod aur ydyn nhw.

WAYNE: Ma' nhw'n bysgod aur pan mae o'n siwtio chdi.

SIÂN CB: Oedd gin i bysgodyn aur.

WAYNE: Ti'm isio fi ddod, 'ta be'?

LLINOS: Wrth gwrs mod i isio chdi i ddod, ond mae o'n ormod o straffig i'r ddau ohonan ni fynd.

WAYNE: 'Naiff mam warchod, 'ta.

LLINOS: Am benwsnos cyfan?

WAYNE: Gwranda, Llinos, dw i'n mynd a dyna'i diwedd hi.

Wayne yn cerdded allan o'r ystafell.

LLINOS: (*Yn sibrwd*) I be' oeddach chdi isio deud wrth Wayne am Llundain?

SIÂN CB: O'n i'n meddwl bod o'n gwbod.

LLINOS: Ma' isio blydi 'mynadd efo chdi weithia'.

Saib.

SIÂN CB: Rhwbath yn deud 'tha i bod chdi'm isio iddo fo ddod efo ni.

LLINOS: (*Yn dawel*) 'Sgin ti'm blydi syniad.

SIÂN CB: Geith o ddod efo fi i Harrods os 'di o isio, fydd o'n handi i gario bagia' a ballu. Fydd o ddim problam o gwbl.

LLINOS: Ti'm yn dallt.

SIÂN CB: Be' dw i'm yn ddallt?

LLINOS: Dim byd.

SIÂN CB: Be', dw i'm yn dallt dim byd? Ond tydi hynna ddim yn 'neud sens, achos os dw i'm yn dallt...

*Saib wrth i **Llinos** eistedd lawr ac ochneidio'n dawel.*

LLINOS: Siân, dw i 'di g'neud uffar o lanast o betha'. Os dduda i rwbath wrthach chdi, ti'n gaddo peidio deud gair wrth neb arall?

SIÂN CB: Mmmm...

LLINOS: Dw i'n disgw'l.

*Mae **Llinos** yn troi at **Siân CB** ac yn gweld ei bod wedi syrthio i gysgu.*

EGWYL

ACT 2

GOLYGFA 1

*Ystafell wisgo yn Richmond. Gwelir **Menna** yn rhuthro i mewn, ac yn mynd yn syth am gyfeiriad y toiledau. Ymhen ychydig daw'r gweddill i mewn.*

SIÂN CB: Asu, lle *posh*. Sbïa lliw del ar y walia Anna... 'Swn i'm yn meindio ca'l y lliw yma yn gegin 'cw adra. Hei, sbïwch ar y *power showers* 'ma. Dw i'm yn siŵr, ond 'swn i'n deud bod y teils 'na 'di costio dipyn. Patrwm del arnyn nhw hefyd. Sbïwch, ma' logo'r clwb arnyn nhw. Sbïa, Beryl.

BERYL: 'Dan ni yma i chwara' rygbi, nid i edrych ar y blydi teils.

SIÂN CB: Ych.

BERYL: Blydi hel, Menna, ti'n toiled?

MENNA: (*OOV*) *Piss Off*!

Siân CB yn rhoi hancas tros ei cheg.

BERYL: 'Dw i 'rioed 'di gweld neb yn drewi cymint â chdi.

MENNA: (*OOV*) Ac ma'n siŵr nad ydach chi byth yn ca'l cachiad?

BERYL: Agora'r blydi ffenast, wir Dduw.

Menna yn dychwelyd at weddill y criw.

MENNA: 'Na welliant. Oedd y blydi *Chicken Madras* 'na'n pwyso arna'i ers oria'. (*Wrth Siân CB*) Pwy ti'n feddwl wyt ti, Zorro?

BERYL: 'Swn i'n taeru bod dy du mewn di 'di pydru.

MENNA: Yli, dw i'm yn cwyno pan mae Jac yn drewi'r tŷ 'cw efo'i ddrewdod.

BERYL: Rho gora' iddi.

ANNA: (*Wrth Menna*) Ia chwara' teg, roist ti uffar o amsar calad iddo fo hyd y ffor' lawr 'ma. 'Sa 'na neb yn ca'l siarad fel 'na efo fi.

BERYL: (*Wrth Llinos*) Ti'n iawn?

LLINOS: Ydw.

BERYL: Ti 'di bod yn dawal ers i ni gychwyn neithiwr.

LLINOS: Dw i'n iawn.

ANNA: Hiraeth am y plant?

LLINOS: Ia.

BERYL: Asu, 'swn i'n chi, 'swn i'n g'neud mwya' o'r cyfla a mwynhau ombach.

*Daw **Gareth** i mewn.*

GARETH: Reit, 'wy isie pawb sefyll a rhoi lle i'ch hunan. Rhedeg yn eich unfan. (*Mae'n crychu'i drwyn, ond yn dweud dim*) Dewch mla'n, siapwch ddi. Ma'r gêm hyn yn bwysig – falle bo' chi'n credu taw jyst *friendly* ody ddi, ond ni 'ma i ennill, ac i ennill mewn steil 'fyd. 'Wy isie chi ganolbwynto gant y cant ar y gêm, chi'n dyall? 'Wy'n gwbod bo' ambell un o'r tîm arall yn whare'n frwnt, ond sa i isie un ohonoch chi ddachre cweryl 'da neb, ti'n dyall, Menna?

MENNA: Pam pigo arna' i?

GARETH: A dim cwmpo mas 'da'ch gilydd, 'wy mo'yn i chi gadw'ch nerth ar gyfer chware'n gêm ni.

*Daw **Jac** i mewn.*

JAC: Dowch. Ma'r tîm arall yn dechra' cerdded am y cae.

GARETH: Nawr 'wy mo'yn i chi dwymo'r coese 'na drwy redeg yn eich unfan, dewch mla'n. Lan i ddeg, glouach, *c'mon*, un, dau, tri...

*Y genod yn rhedeg yn eu hunfan, gyda styds y 'sgidia' yn gwneud sŵn, ac o ganlyniad mae **Gareth** yn gorfod codi'i lais. Yn sydyn mae **Llinos** yn disgyn i'r llawr.*

LLINOS: Aw!

GARETH: Beth sy'n bod?

LLINOS: Troi nhroed 'nesh i.

SIÂN CB: Ti'n iawn?

LLINOS: Blydi hel, mae'n brifo.

*__Gareth__ yn cydio ynddi, ac yn ei chodi ar ei heistedd ar y fainc. Mae'n dechrau datod careiau esgid **Llinos**. **Menna'n** gwylio hyn fel barcud.*

GARETH: *Shit*, gad fi weld.

*__Menna__ yn ymyrryd ac yn dod rhwng **Llinos** a **Gareth**.*

MENNA: Sym', fi 'di'r nyrs, dim chdi.

SIÂN CB: 'Sa'n well i rywun ofyn am bum munud bach.

LLINOS:	'Sdim pwynt, alla'i fyth chwara' efo'r droed 'ma.
MENNA:	Ydi hyn yn brifo?
LLINOS:	Aw! Ma'n brifo'n ddiawledig.
GARETH:	Ti'n siŵr alli di ddim whare? Ti'n credu allet ti roi dy bwyse arni hi?
LLINOS:	Na.
ANNA:	Be' sy'n mynd i ddigwydd rŵan?
GARETH:	Siân, cer i newid.
SIÂN CB:	(*Yn ofnus*) Be'?
GARETH:	'Sdim amser 'da ni i drafod pethe. Ma' styds 'da ti, 'wy mo'yn ti whare.
SIÂN CB:	Alla'i fyth.
BERYL:	Wrth gwrs y gelli di.
SIÂN CB:	Ond dw i'n anobeithiol, alla' i'm hyd yn oed dal y bêl yn iawn.
ANNA:	Fyddi di'n iawn, edrychwn ni ar dy ôl di.
BERYL:	Fydd dim rhaid i chdi chwara'n hir ... ella fydd troed Llinos yn well mewn munud.
SIÂN CB:	Ond ... ond...
MENNA:	O, *for God's sake*, Cae Berllan.
GARETH:	Ti'n whare a 'na'i diwedd hi.

SIÂN CB:	Ond ma' raid i chi addo peidio pasio'r bêl i mi.
MENNA:	Be' ddiawl 'di'r pwynt i chdi fod ar y cae, 'ta?
SIÂN CB:	(*Yn pledio mewn panig*) Wel, ocê 'ta, 'mond os oes raid i chi basio hi.
BERYL:	Ia, iawn, rŵan jyst newidia, plîs.

*Mae cnoc ar y drws a daw **Jac** i mewn.*

JAC:	Dowch. Mae pawb yn disgw'l amdanach chi.
GARETH:	Fyddwn ni mas 'na nawr.
JAC:	Be' sy 'di digwydd?
BERYL:	Lle mae Wayne?
JAC:	'Di mynd i'r bỳs i nôl y bocs cwrw.
GARETH:	Ma' isie bag o iâ arnon ni.
LLINOS:	Na, 'sdim isio.
BERYL:	Os w't ti 'di brifo...
JAC:	(*Ar ei thraws*) Be' ti 'di 'neud?
LLINOS:	'Mond troi nhroed, dim byd mawr. Fydda i'n iawn yn munud, 'sdim isio 'neud ffỳs a nôl Wayne.
BERYL:	Ma' Siân yn chwara' yn ei lle hi.
JAC:	(*Mewn sioc*) Be', Cae Berllan?
BERYL:	(*Wrth Jac*) Jyst dos i ddeud wrth Wayne.

Beryl mwy neu lai yn taflu *Jac* allan o'r ystafell.

MENNA: Pwy 'di'r capten?

GARETH: Beryl.

MENNA: Beryl?

GARETH: 'Wy mo'yn rhywun fydd yn grondo ar y dyfarnwr.

MENNA: Be' ti'n drio awgrymu?

BERYL: Gwranda, os ydi Menna isio bod yn gapten gymint â hynna...

GARETH: Fi 'di'r hyfforddwr, a 'wy'n gweud taw ti (*Beryl*) yw'r capten.

MENNA: Ma' hyn yn mynd i fod yn *ddisaster*.

SIÂN CB: Mi 'na'i drio ngora', wir yr.

MENNA: Dw i'n siŵr bydd genod Richmond yn cachu plancia'.

GARETH: 'Shgwlwch, so chi'n mynd i sgori pwynt os y'ch chi'n dadle 'da'ch gilydd. Ma' raid chi bido cwmpo mas fel hyn. Y gêm sy'n bwysig nawr, felly anghofiwch am bopeth arall; 'wy mo'yn chi ganolbwyntio ar beth sy'n digwydd ar y ca' mas 'na. Chi'n dyall?

GWEDDILL: (*Heb fawr o argyhoeddiad*) Ydan.

GARETH: Ma' rhaid i ti anghofio'r busnes capten 'ma, Menna. Mae'n penalti mwfs ni'n mynd i fod yn berffeth. Cadwa dy ben a paid â gwyllti, wi moyn ti i anadlu mas 'na.

Yn ystod y canlynol, mae'r tîm yn amlwg yn cael ei ysbrydoli, ac eithrio **Siân CB**, *sy'n sefyll ar y pen, yn edrych yn ofnus ac yn syllu i'r gwagle.*

GARETH: Anna, so neb yn mynd i fynd heibio i ti. Neb, ti'n dyall? A so neb yn mynd i dy ddala di whaith. Beryl, ti sy'n rheoli'r pac a 'wy mo'yn meddiant. 'Wy mo'yn y bêl 'na mas fel mellten! A so'u mewnwr nhw'n mynd i ga'l cyfle i anadlu, iawn?

BERYL: Iawn!

GARETH: (*Dan weiddi*) Dewch mla'n, chi'n ffit, chi'n gry', a chi mo'yn ennill! Siân!

Sian CB *yn neidio mewn ofn.*

GARETH: Be' chi mo'yn?

GWEDDILL: Ennill!

GARETH: Sa i'n clywed. Beth chi mo'yn?

GWEDDILL: Ennill!

GARETH: Chi'n mynd mas i faes y gad, ferched! Chi'n cynrychioli Cymru man hyn. Cymru yn erbyn Lloegr, beth ni'n mynd i 'neud?

GWEDDILL: Ennill!

GARETH: *C'mon*, mas â chi.

Genod i gyd yn gadael yr ystafell newid, dan weiddi cân y tîm. Mae **Gareth** *yn fwriadol yn aros ar ôl.*

GARETH: Licet ti i fi garo ti lan at y ca'? Ti'n iawn?

LLINOS:	Pam bo' chdi ddim 'di bod yn ateb dy ffôn?
GARETH:	'Wy 'di bo'n fishi.
LLINOS:	'Sat ti 'di medru anfon *text* neu rwbath.
GARETH:	So'n *mobile* i 'di bo'n gwitho rhy... (dda yn ddiweddar).
LLINOS:	Paid â malu cachu efo fi. Ti'n gwbod yn iawn 'mod i isio siarad efo chdi ers dyddia'.

Saib.

GARETH:	Wel, 'yt ti am weud 'tho i beth sy'n dy fecso di 'te? Ma'r gêm yn dechre.
LLINOS:	Pa mor *serious* w't ti'n meddwl ydan ni'n dau?
GARETH:	Nage nawr yw'r amser i... (drafod 'ny).
LLINOS:	(*Yn torri ar ei draws yn benderfynol*) Jyst ateba fi.
GARETH:	Ti'n gwbod yn net bo' fi'n dwli 'not ti.
LLINOS:	Be' ddiawl ydi ystyr hynna?
GARETH:	'Shgwla, fydd y gêm dechre whap, drafodwn ni hyn 'to.

*Mae **Gareth** ar fin ei throi hi.*

LLINOS:	Dw i'n disgw'l.
GARETH:	Beth?
LLINOS:	Dw i'n disgw'l.

Saib byr.

GARETH: 'Wedest ti bo' ti'n ofalus.

LLINOS: Damwain o'dd o, 'de.

GARETH: *C'mon*, Llinos, so i'n dwp.

LLINOS: Be' ti'n feddwl?

GARETH: 'Wy'n gwbod beth 'yt ti'n 'neud, wnes di'r un peth 'da
             Wayne.

LLINOS: Rhag dy g'wilydd di.

GARETH: Wel, llongyfarchiade, ti wedi llwyddo ca'l be' ti mo'yn. Os
             taw fi yw'r tad.

LLINOS: *Oh my God.*

GARETH: Ydi Wayne yn gwbod?

*Llinos yn ysgwyd ei phen i ddynodi 'na'. Daw **Menna** i mewn.*

MENNA: Ti'n dod, 'ta be'? Ma 'na ryw foi isio tynnu llun y ddau
             dîm efo'i gilydd.

GARETH: Dw i 'di gweud 'tho ti gadw'r droed 'na lan... Iawn. Gwed
             'tho fe fyddai 'na mewn muned.

*Mae **Menna** yn dal i sefyll yno.*

GARETH: (*Wrth Menna*) Beth?

MENNA: Ma'r boi isio ni rŵan, Gareth.

GARETH: Dere mla'n, 'te.

*Gareth yn cerdded allan a **Menna** yn syllu ar **Llinos** a cherdded ar ei ôl.*

*Mae **Llinos** yn cicio'r bag yng nghanol y llawr. Daw **Wayne** i mewn.*

WAYNE: Be' sy' 'di digwydd?... Ddudodd Beryl bo' chdi 'di troi dy droed.

LLINOS: (*Yn dawel*) Do.

WAYNE: Sut 'nest di hynna? Fo oedd yn pwshio chdi ormod? (*Yn nawddoglyd*) Ddudis i basa rhwbath fel hyn yn digwydd, 'do?

*Saib. Mae **Wayne** yn edrych ar ffêr **Llinos**.*

WAYNE: 'Di'm yn edrych yn rhy ddrwg. Mae o 'chydig yn goch.

***Wayne** yn mynd i'r cool-box, yn estyn can ac yn ei agor.*

WAYNE: Iechyd.

***Wayne** yn cymryd llond cegiad o gwrw. Mae **Llinos** yn eistedd fel delw o lonydd tra mae **Wayne** yn edrych o'i gwmpas. Yn ystod y canlynol mae **Llinos** yn dechrau crïo.*

WAYNE: Yli crand... Wel, beryg fydd raid i chdi ymddeol ar ôl hyn rŵan. Biti hefyd, a chditha efo uffar o yrfa ddisglair o dy flaen. Meddylia... 'sa chdi 'di gallu chwara' i Gymru rywbryd – wel ma' nhw'n ddigon despryt, 'tydyn?

*Mae **Wayne** yn troi ac yn sylwi ar **Llinos** yn crïo. Saib annifyr.*

WAYNE: Yli, 'sdim isio mynd dros ben llestri, 'mond gêm rygbi ydi hi.

LLINOS: (*Yn dawel*) Ia, ti'n iawn.

WAYNE: A 'di o'm fel bod gin ti'm byd arall, nac'di?

*Nid yw **Llinos** yn ateb, dim ond parhau i grïo.*

WAYNE: Ydi'r boen yn dy droed 'di gwaethygu?

Llinos yn ysgwyd ei phen yn negyddol.

WAYNE: Be' sy' 'ta?

Saib.

WAYNE: Dw i yn dallt 'sti. Ti'n cofio pan ges i'r anaf i'n ysgwydd, asu, o'n i mewn poen am hydoedd, ac yn meddwl bod y byd ar ben – ond ddes i drwyddi'n iawn yn diwadd.

Llinos yn rhoi ei phen i lawr.

WAYNE: A dw i'n gwbod hefyd mod i'm 'di bod yn lot o help i chdi'n ddiweddar.

LLINOS: Paid.

WAYNE: Dw i'n gwbod nad ydi petha' wedi bod yn sbesial rhyngthan ni'n ddiweddar, bod ni 'di bod yn cega' a ballu. Ma'r plant 'di gweld dy isio di 'fyd, ond ellith petha fynd yn ôl i fel oeddan nhw rŵan.

LLINOS: Na 'llith, Wayne...

WAYNE: Pam?

LLINOS: Dw i'n disgwl.

WAYNE: Be'?

LLINOS: (*Yn ochneidio*) Dw i'n disgw'l.

WAYNE: Disgw'l be'?

LLINOS:	Bỳs i'r dre, be' ddiawl ti'n feddwl? Disgw'l babi, 'de?
WAYNE:	Blydi hel. Ers pryd?
LLINOS:	Ryw fis.
WAYNE:	Ti'n siŵr?
LLINOS:	Wrth gwrs mod i'n blydi siŵr.
WAYNE:	Pam 'sat ti'm 'di deud 'tha i'n gynt?
LLINOS:	Dwn i'm.
WAYNE:	Pa bryd oeddach chdi am ddeud 'tha i 'ta?
LLINOS:	(*Yn ffugio*) Dw i 'di trio cwpwl o weithia, ond...
WAYNE:	Ia?
LLINOS:	Oedd gin i ofn.
WAYNE:	Ofn?
LLINOS:	Ia, ti 'di cyfadda dy hun bod ni 'di bod yn ffraeo lot yn ddiweddar.
WAYNE:	'Dw i'n gwbod tydi petha' ddim 'di bod yn berffaith, ond be' uffar oeddach chdi'n meddwl 'swn i'n ddeud?
LLINOS:	Dwn i'm.
WAYNE:	Ty'd yma.

*Wayne yn mynd at **Llinos** ac yn gafael amdani ac yn rhoi cusan iddi, ond prin ei bod hi'n ymateb.*

100

WAYNE: Dwi'n gwbod fydd petha' 'bach yn dynn arna ni efo prês, ond ddown ni drwyddi'n iawn, 'sti.

LLINOS: (*Heb argyhoeddiad*) Ti'n meddwl?

WAYNE: Ydw. 'Wyrach neith y babi 'ma ddod â ni at ein coed, 'neud i'r ddau ohonan ni gallio ombach. Oes 'na rywun arall yn gwbod?

LLINOS: Na, neb.

WAYNE: Fydd y ddwy fam wrth eu bodd. Asu, ma'n dda bod chdi 'di troi dy droed neu 'sa ti 'di gallu neud niwed i'r...

*Mae **Wayne** yn stopio'n stond, wrth iddo sylweddoli.*

WAYNE: Dw't ti ddim 'di troi dy droed go iawn, w't ti? G'neud ati oeddach chdi, 'de?

***Llinos** yn cadarnhau hynny drwy nodio'i phen.*

WAYNE: Ond os oeddach chdi'n gwbod 'sa chdi'n methu chwara', pam dod lawr 'ma o gwbwl?

LLINOS: O'n isio amser i feddwl.

WAYNE: Be' sy' 'na i feddwl?

LLINOS: Lot o betha'.

WAYNE: Fel be'?

LLINOS: (*Yn gwylltio*) Rho gora' i'r holl gwestiyna' 'ma.

Saib.

WAYNE: (*Troedio'n ofalus*) Dallt yn iawn, hormons a ballu. Gin ti esgus iawn i weiddi arna' i'n ddi-stop am wyth mis rŵan.

Saib.

WAYNE: Mi fydd bob dim yn iawn 'sti, wir i chdi.

LLINOS: Ma'n ddigon hawdd deud hynna rŵan.

WAYNE: Be' ti'n olygu efo hynna?

LLINOS: Dim byd.

WAYNE: Ti yn falch dy fod ti'n disgw'l, 'dw't?

LLINOS: (*Heb argyhoeddiad*) Yndw.

WAYNE: Ti'm yn swnio felly.

LLINOS: 'Di blino dwi.

WAYNE: Ti isio'r babi 'ma 'does?

*Nid yw **Llinos** yn ateb.*

WAYNE: Llin?

LLINOS: (*Yn araf*) Dw i'm yn gwbod.

WAYNE: (*Mewn sioc*) Pam, be' sy'?

***Llinos** ddim yn ei ateb.*

WAYNE: Llinos, be' sy'?

LLINOS: Lot o betha'.

WAYNE: Paid â malu cachu efo fi, 'duda'n iawn be' sy'n bod.

LLINOS: (*Yn ffugio*) Dw i jyst yn teimlo bod gynnon ni fwy na digon ar ein platia' yn barod, heb ga'l un arall.

WAYNE: Ti wastad 'di deud 'sa'n neis ca'l llond cae o blant.

LLINOS: Tasa gynnon ni lot o bres ac uffar o dŷ mawr 'swn i wrth fy modd, ond sbïa arnan ni...

WAYNE: Dim pres 'di bob dim, 'sdi. Sortiwn ni rwbath allan, paid ti â phoeni.

LLINOS: Trio edrych ar y peth yn realistig ydw i.

WAYNE: Naci tad, oedd hi'n waeth arnan ni pan gafodd y ddau arall eu geni a doedd gen ti'm problam efo petha 'radag hynny.

LLINOS: (*Yn ofalus*) 'Di petha' ddim cweit 'run peth tro 'ma.

WAYNE: Pam?

Llinos yn methu edrych i fyw llygad Wayne.

WAYNE: Dw i isio gwbod, Llinos, be' sy'n wahanol tro hyn? Ty'd 'laen, atab fi. Llinos, atab fi!

Llinos yn methu edrych arno.

WAYNE: Be'n union sy'n mynd 'mlaen, Llinos?

Mae'r ddau'n edrych ar ei gilydd, ond mae'r foment yn cael ei thorri pan gerdda Beryl, Siân CB ac Anna i mewn. Mae wyneb Beryl yn waed i gyd. Mae Llinos yn mynd yn ati'n syth, ond mae Wayne yn cadw'i bellter.

BERYL: O'dd Gareth yn deud eu bod nhw'n ryff...

*Mae **Llinos** yn helpu **Beryl** i eistedd lawr, a dechrau trin yr anaf.*

ANNA: Ddaru'r hen bitsh rhif saith sathru arni.

SIÂN CB: Hen sguthan hyll iddi. Llinos, *first aid.*

*Daw **Jac** i mewn â golwg bryderus arno.*

JAC: Ti'n iawn?

BERYL: Yndw. Ma'n edrych yn waeth nag ydi o.

JAC: (*Troi at y gweddill*) Pam ddiawl 'sa chi 'di neud rwbath i
                 stopio'r tanc hyll 'na?

ANNA: Ddaru bob dim ddigwydd mor handi.

JAC: Blydi esgus goc.

ANNA: 'Sdim isio rhegi fel 'na arnan ni.

JAC: 'Sa Beryl 'di gallu torri asgwrn yn hawdd.

BERYL: Dw i'n iawn, paid â phoeni.

JAC: (*Wrth Siân CB*) Cae Berllan, titha fel delw ar y cae 'na
                 hefyd. Pam 'sat ti 'di rhoi dwrn i'r *number seven* 'na?

BERYL: Paid â gweiddi arnyn nhw, nid eu bai nhw ydi o.

JAC: (*Wrth Beryl*) O'n i'n gwbod 'sa rhwbath fel hyn yn
                 digwydd i chdi.

*Daw **Gareth** a **Menna** i mewn. Mae **Wayne** yn syllu am yn hir ar **Gareth**,
ond gan fod pawb yn canolbwyntio ar **Beryl**, does neb yn sylwi ar hyn.*

MENNA: Ti'n iawn, Ber?

JAC:	Be' ti'n feddwl? Sbïa golwg sy' arni. Lle ma'r bag *first-aid*?

*Mae **Gareth** yn gweld y bag ger traed **Wayne**. Mae **Siân CB** yn mynd allan.*

GARETH:	(*Troi at Wayne*) Dere *bandage* a thâp 'ma.
MENNA:	Mae'n amlwg bo' chdi 'di gwella.
LLINOS:	Be'?
MENNA:	(*Wrth Llinos*) Ma'n amlwg bod chdi 'di gwella'n iawn, felly gei di chwara'n yr ail hanner yn lle Beryl. Cer i newid.
GARETH:	(*Yn gwbl bendant*) Na.
MENNA:	'Sgynnon ni neb arall fel *sub*.
GARETH:	So Llinos yn whare a 'na'i diwedd hi.
MENNA:	Pam?
GARETH:	Achos bo' hi 'di ca'l anaf.
MENNA:	Sbïa arni, 'sna'm byd yn bod arni hi.
GARETH:	(*Yn siarp wrth Menna*) Jyst gad hi 'nei di. (*Wrth Wayne*) Diolch.

*Mae **Wayne** yn taflu dwrn at **Gareth**, a'i lorio.*

WAYNE:	Gareth ... ffycin' basdad.
LLINOS:	Wayne...

WAYNE: Paid â thwtsiad yna i.

*Mae **Wayne** yn cerdded allan o'r ystafell wisgo. Pawb yn edrych yn gegrwth ar **Gareth**. **Menna**'n edrych yn galed ar **Llinos**.*

MENNA: (*Wrth Llinos*) Be' ddiawl sy'n mynd ymlaen? Gareth?

Llinos yn cydio yn ei bag, ac yn dechrau mynd am gyfeiriad y drws. Menna yn mynd at Gareth, sydd yn ceisio codi ar ei draed a sadio'i hun.

MENNA: (*Yn gafael yn Llinos*) Llinos, be' sy'n mynd ymlaen?...
Be' sy'?

LLINOS: Sori, Menna.

GARETH: Gronda, Menna, gad i ni sorto hyn mas yn rhwle arall.

MENNA: Y basdad!

GOLYGFA 2

*Yn raddol gwelir y genod yn amgylchynu **Beryl**, ac o dipyn i beth, toddir i mewn i frecwast priodas **Jac** a **Beryl**. Tra bod y criw yn eistedd gyda'i gilydd, gwelir **Llinos** yn eistedd ar ei phen ei hun. Pan gyfyd y golau, mae pawb yn chwerthin.*

WAYNE: Felly, 'swn i'n licio i chi godi'ch gwydra' a dymuno'r gora' i Jac a Beryl.

Pawb yn codi eu gwydrau a chydsynio i'r llwnc destun.

PAWB: Jac a Beryl.

JAC: 'Swn i'n licio deud gair neu ddau, felly os ydach chi isio diod, rŵan ydi'ch cyfla i fynd i'r bar.

***Jac** yn codi ar ei draed ac yn estyn darn o bapur o'i boced.*

JAC: Tydw i fawr o foi efo geiria' ... ond dw i isio deud diolch yn fawr i chi gyd am ddod yma heddiw yn y tywydd yma, ac i ddiolch i chi hefyd am yr anrhegion ... ond 'swn i'n licio diolch i un person yn arbennig am fod yma heddiw, sef Beryl. Dw i'n sylweddoli mod i'n foi lwcus iawn ... a dw i isio i chdi wbod mod i'n edrych ymlaen gymaint i dreulio gweddill fy mywyd efo chdi ... diolch.

Pawb yn dweud 'aahhh' ac yn clapio a.a.

WAYNE: Oes 'na rywun arall isio deud gair, cyn i'r ddau fynd ati i dorri'r gacan?

*Mae **Menna** yn codi ar ei thraed.*

MENNA: Ma'r merchad 'di gofyn i fi ddeud gair. Wel, Beryl, 'dan ni 'di byw efo'n gilydd ers blynyddoedd, a 'dan ni 'di ca'l

Menna (parhad): uffar o laff. A be' alla'i ddeud am Jac ... wel ... wel ... tydan ni ddim yn cytuno ar lot o betha' yn yr hen fyd 'ma, ond o leia' 'dan ni'n cytuno bod Beryl werth y byd yn grwn, a dyna ydi'r peth pwysica'. Felly diolch i ti, Beryl, am fod yn ffrind mor dda, ac ar ran giang ni, pob lwc i chi'ch dau, gobeithio fyddwch chi'n hapus iawn.

*Mae **Menna** ar fin eistedd i lawr, ond yn cofio'n sydyn, ac yn sefyll ar ei thraed.*

MENNA: O ia, mwynhewch y boncio yn Majorca hefyd.

WAYNE: Rhywun arall?

__Llinos__ fel petai yn paratoi i ddweud rhywbeth.

WAYNE: Reit, os nad oes 'na neb arall, geith y ddau dorri'r gacan rŵan.

BERYL: Lle ma'r gyllall?

Pawb yn dechrau symud am gyfeiriad y gacen.

ANNA: (*Yn garedig*) Ti'n ocê?

LLINOS: Ddim yn ddrwg.

ANNA: Oeddach chdi'n capal, welis i mohonach chdi?

LLINOS: O'n i yn y cefn.

*__Beryl__ yn dod tuag atynt, ac yn cofleidio **Llinos**. **Llinos** yn agos at grïo.*

LLINOS: Ti'n edrych yn *ffantastig*.

BERYL: Diolch i ti. 'Sat ti'n licio mi nôl diod i chdi?

LLINOS: Na dw i'n iawn 'sti, diolch.

*Daw **Jac** a **Wayne** atynt, yn amlwg yn teimlo'n anghyfforddus. **Beryl** a **Jac** yn mynd am gyfeiriad y gacen. **Llinos** yn edrych ar **Wayne** wrth iddo basio.*

SIÂN CB: (*Yn swta*) Haia.

LLINOS: Dw i'm 'di dy weld di ers sbel.

SIÂN CB: Dwi 'di bo'n brysur.

Saib annifyr.

SIÂN CB: 'Dw i isio gweld y gacan yn ca'l ei thorri.

*Saib. Pawb yn clapio wrth i **Jac** a **Beryl** dorri'r gacen.*

WAYNE: Beryg fyddan ni yma tan 'Dolig os bydd rhaid i mi ddarllen y cardia 'ma i gyd fy hun, felly dw i 'di gofyn am help Menna a Siân. "Sori nad ydw i yno ond gobeithio y cewch chi sbri. Lawr yr allt eith hi ar ôl hyn." Gwil ... a chwara teg mae o 'di anfon *voucher* deg punt o *Woolworths* hefyd.

MENNA: "I Jac a Beryl. Dw i'm yn siŵr os ma' dewr 'ta gwirion wyt ti, Jac, ond pob lwc i'r ddau ohonach chi oddi wrth hogia Clwb y Bont"...

SIÂN CB: "Pob bendith i'r ddau ohonoch, gyda chofion cynnes, teulu Rhos Helyg"...

WAYNE: "Gobeithio y cewch ddiwrnod da. Yn meddwl amdanoch i gyd... Gareth".

*Saib annifyr wrth i bawb ymddwyn braidd yn ansicr. Mae **Wayne** fel delw o llonydd.*

SIÂN CB: "Ymhob storom bywyd boed i'r ddau ohonoch dderbyn nerth a gras ar hyd y daith. Cariad dwfn sy'n ymaros. Anti Meri, tri sws."

*Saib annifyr. **Jac** yn chwilio am ei araith yn ei boced.*

JAC: Wel, fel ddudis i yn gynharach, diolch i chi gyd am yr anrhegion, dw i'n siŵr y byddan nhw'n handi iawn – yn arbennig yr *electric blanket* gin...

BERYL: Gin Siân Cae Berllan.

SIÂN CB: Mae o'n *fleece lined*.

BERYL: Reit, lle ma'r gacan 'ma?

***Beryl** yn mynd i chwilio am y gweinyddesau. **Llinos** yn codi ar ei thraed.*

ANNA: Paid â gadael i hynna ypsetio chdi rŵan.

LLINOS: *Typical* Gareth, dw i'm yn coelio 'i fod o 'di g'neud hynna ... fydd hynna 'di gwylltio Wayne rŵan.

ANNA: Ty'd 'ŵan, dan ni yma i ddathlu.

LLINOS: O'n i 'di gobeithio cael sgwrs gall efo fo heddiw.

ANNA: Gwranda, fo 'di'r *best man*, falle bod gynno fo ormod ar ei blât.

LLINOS: Ia, ti'n iawn. Dan ni yma er mwyn Beryl a Jac. Sgiwshia fi, dw i'n mynd i'r toiled.

***Llinos** yn mynd am y toiled.*

SIÂN CB: Do'n i'm yn disgwyl i Gareth anfon cerdyn.

ANNA: Hen fasdad fuo fo 'rioed.

SIÂN CB: Anna!

ANNA: Wel, mae'n wir, 'tydi?

SIÂN CB: Ella na'i ffordd o o ddeud sori oedd anfon y cardyn 'na.

ANNA: Callia, 'nei di?

SIÂN CB: Dw i'm yn dallt dynion.

*Mae **Beryl** yn dod drwodd gyda'r gweinydd/esau a'r gacen ac yn ei rhannu ymhlith y gwesteion. Daw **Menna** yn ôl gyda photel o win a dau wydriad ac â tuag at **Wayne**.*

MENNA: Ty'd laen Wayne, waeth inni gal homar o sesh efo'n
               gilydd ddim.

BERYL: Cacan?

*Mae **Menna** yn eistedd ger **Wayne** ac yn tollti gwin i'r ddau ohonynt. **Wayne** yn deud dim byd ond yfed ei ddiod.*

MENNA: Dwn i'm pam bod pobol yn gwneud y fath ffŷs. Ma'
               priodi yn wast o amsar ... pobol yn colli'u penna', yn
               addo petha' gwirion ac i be'? Does 'na fawr yn sticio efo
               fo. 'Swn i'n priodi, 'swn i am fynd dramor, priodi ar lan
               môr yn rwla poeth fel y Bahamas. Neb arall ond fi a –
               be' ti'n feddwl?

***Wayne** yn codi ar ei draed.*

JAC: I lle ti'n mynd?

WAYNE: I rwla.

MENNA:	Ddo'i efo chdi.

WAYNE: 'Stedda'n fan'na, wir Dduw i chdi.

JAC: G'na ffafr efo fi, cer i ofyn i'r DJ os ydi o'n barod.

Wayne yn mynd, ac Anna a Siân CB yn edrych arno wrth iddynt bigo bwyta eu cacen briodas.

SIÂN CB: Biti drosto fo hefyd.

ANNA: Yndi, ond tydi o'm yn angal o bell ffordd.

SIÂN CB: Ti'n licio eisin?

ANNA: Yndw.

SIÂN CB: Ti isio hwn?

ANNA: Os na ti isio fo...

SIÂN CB: Mae o'n rhoi gwynt i fi – well gin i farsipan.

Anna yn codi ar ei thraed ac anelu am doiledau'r genod. Siân CB yn cydio ym mhlât Anna yn awchus. Daw Wayne yn ôl at Jac.

WAYNE: Ocê, ga' 'i'ch sylw chi. Ma' Jac a Beryl am ddawnsio'r *first dance*.

Daw Anna allan o doiledau'r genod gan fynd draw at Siân CB ac wrth i Anna sibrwd yng nghlust Siân CB mae honno'n gwelwi ac yn mwmblian 'Oh, My God' cyn eistedd i lawr. Mae Anna yn cydio yn ei mobeil ac yn mynd allan.

Ar ôl ychydig, mae Siân CB yn sefyll ar ei thraed gan fynd at Menna, a sibrwd yn ei chlust, ond y cwbl a wna Menna yw codi dau fys arni a thollti mwy o win i'w gwydr. Beryl yn clywed rhywbeth ond mae hi'n troi yn ôl at

Jac ac anwybyddu unrhyw broblem. Mae **Siân CB** *yn parhau i geisio siarad gyda* **Menna** *ond y cwbl mae hi'n llwyddo i'w wneud yw ei chynddeiriogi fwyfwy, nes bod* **Menna** *yn gweiddi 'ffyc off' yn ddigon uchel i bawb glywed.*

Mae **Beryl** *yn troi oddi wrth* **Jac** *ac yn mynd at* **Siân CB** *a* **Menna** *a gofyn beth sydd yn bod. Mae* **Siân CB** *yn dweud wrthi fod* **Llinos** *yn y toiledau a bod y babi ar ei ffordd, ac mae* **Beryl** *yn rhedeg i'r toiledau. Mae* **Jac** *yn parhau i ganu, ond edrycha o'i gwmpas yn ansicr o'r hyn sydd yn mynd ymlaen. Daw* **Anna** *yn ôl i mewn gan fynd yn syth i doiledau'r genod.*

Ymhen ychydig daw **Beryl** *allan o'r toiled a cherdded at* **Menna**. *Nid yw* **Menna** *yn cymryd dim sylw ohoni, ond yn hytrach yn parhau i yfed ei gwin a chlapio yn ddwl ar* **Jac**, *sydd yn taflu* **Jac** *oddi ar ei echel. Mae* **Beryl** *yn rhedeg at* **Jac**.

BERYL: Rhaid inni stopio.

JAC: Be' sy'?

BERYL: Ma'r babi ar ei ffordd.

Jac yn gwelwi.

BERYL: Tro'r gân 'na i ffwrdd, 'nei di? ... Jac, paid ag aros
fan'na, dos reit handi.

Wayne yn ymddangos. Jac yn pasio heb edrych arno. Beryl yn anelu am Menna.

WAYNE: Be' sy'?

BERYL: (*Wrth Menna*) Shifftia dy din a dos i'r toilet 'na.

MENNA: *No way,* dw i yma i ga'l sesh.

Mae'r gân yn dod i ben.

BERYL: Menna, ma' hyn yn *emergency*.

MENNA: Ti 'di bod yn gweithio mewn *vets*, fyddi di fwy o iws iddi.

WAYNE: 'Neith rhywun ddeud 'tha i be' sy'n digwydd?

BERYL: Ma'r babi ar ei ffordd. Dan ni 'di ffonio ambiwlans.

*Llinos yn gweiddi allan OOV a **Wayne** yn mynd i eistedd i lawr.*

BERYL: Yli, dwi'n gofyn yn garedig, plîs helpa hi.

MENNA: Pam ddyliwn i ar ôl be' 'nath yr ast yna i fi? O'n i'n ei garu fo, 'sti. O'n i wir yn meddwl bod 'na ddyfodol inni'n dau, a be' 'nath hi? Ca'l affêr efo fo, y bitsh.

*Siân CB yn y drws wrth i **Llinos** weiddi allan eto.*

BERYL: Gwranda, o'dd be' 'nath Llinos yn 'rong ond 'does na'm un ohonan ni'n berffaith, nagoes? Ti'n cofio Carys y Banc? Ddudist ti bo' ni'n dwy 'di sticio efo'n gilydd drw' bob dim – wel sticia efo fi rŵan achos dw i dy angen di. Dw i ddim yn gwbod be' i 'neud. Paid â gada'l i rhyw goc oen 'fath â Gareth ddod rhyngthan ni. Plîs helpa Llinos, er fy mwyn i.

*Beryl yn edrych ar **Menna**. Dim ymateb.*

BERYL: Diolch, Menna. Sbïa arnach chdi, 'dan ni gyd dy angan di, a be' w't ti'n 'neud? Ista fanna yn teimlo'n sori drostach chdi dy hun. Wel, blydi tyfa i fyny a helpa ni!

Dim ymateb.

BERYL: Reit. Dyna ni. Hwyl fawr a phob lwc i ti, achos dwi'm angan ffrind sy' methu madda'.

Beryl yn mynd am y lle chwech.

MENNA: Beryl...

BERYL: Be'?

MENNA: Pa mor aml ma'r *contractions*?

BERYL: Dw i'm yn gwbod.

MENNA: Cer i'r bar a gofynna am ddŵr cynnas a phowlan. (*Wrth Siân CB*) Dos i nôl hynny alli di o dyweli.

Anna yn rhedeg allan a mynd am y bar wrth i Wayne gerdded yn ôl efo potel o siampên yn ei law. Wayne yn cymryd cegaid o'r botel. Siân CB yn ymddangos efo tywelion o'r bar. Siân CB yn rhedeg i mewn i'r toiled, ac wrth i'r drws agor clywn...

MENNA: Ty'd.

Daw Jac i'r golwg yn cario tackle bag. Mae'n curo ar ddrws y toiled.

JAC: Beryl?

BERYL: Be'?

Mae Beryl yn agor y drws a rhuthro allan.

BERYL: Be' ddiawl 'di hwnna?

JAC: 'Do's na'm clustoga yma.

BERYL: Blydi hel, dos â fo'n ôl, mae o rhy fawr.

MENNA: Jac, oes gen ti bapur newydd?

JAC: Ma' 'na *Daily Star* yn y swyddfa.

MENNA: Cae Berllan, dos i'w nôl o.

ANNA: Ty'd Wayne ... ty'd ati...

JAC: Ma' bywyd yn gallu bod yn crap weithia'. Dw i 'di gwario cant a hannar ar y disgo 'ma, ac i be'?... A choeli di fyth faint gostiodd y balŵns...

Saib.

JAC: Am faint ma' hyn i gyd yn mynd i fynd 'mlaen?

WAYNE: Gymrodd Eilir ddeuddeg awr.

JAC: Be'?! (*Gwaedd gan Llinos*) Dw i ddim yn dallt y petha *biological* 'ma. Well i mi glirio petha', 'ta.

*OOV, gwaedd gan **Llinos**. **Wayne** yn codi ar ei draed. Daw **Anna** i'r golwg eto.*

ANNA: Ma' hi'n gofyn amdanat ti ... yli, ma' hi mewn uffar o boen ... dw i'n dallt ei bod hi'n anodd...

WAYNE: (*Torri ar ei thraws*) Dw i'm yn mynd i fewn yna, ocê?

ANNA: Ond ma' hi isio chdi...

WAYNE: Ma' hi isio fi rŵan. Mae'n rhy blydi hwyr rŵan, 'tydi? Dw i 'di gorfod byw yn y lle 'ma yn meddwl am y babi yn tyfu tu mewn iddi ers misoedd.

JAC: Ma' pobol yn dallt, 'sdi.

WAYNE: Dallt be'? Wayne y coc oen yn methu cadw'i ddynas rhag shagio o gwmpas?

ANNA: Wayne, plîs...

WAYNE: Be' sy'? Ti ofn clywad? Achos dyna 'di'r gwir, Anna...

ANNA: Wayne, dw i'n gwbod ei bod hi wedi crïo a chrïo am y peth, am y plant ... amdanat ti...

WAYNE: Ond pam g'neud yn y lle cynta' 'ta? Dw i ddim yn dallt, Anna.

ANNA: Pam 'sat ti'n siarad efo hi ... ma' hi wir isio siarad efo chdi...

WAYNE: Lle ddiawl ma'r ambiwlans 'ma?

JAC: A'i i'w ffonio nhw eto?

WAYNE: O'dd bob dim yn iawn cyn i chi ddechra' chwara'r rygbi 'na...

ANNA: Ti'n siŵr o hynna? Ti'm 'di bod yn angal dros y blynyddoedd.

WAYNE: Ocê, ella bod petha ddim yn berffaith...

ANNA: Faint o weithia' ma' Llinos 'di madda' i chdi dros y blynyddoedd – allan yn y clwb i berfeddion nos a Llinos adra efo'r plant yn gorfod g'neud hebddach chdi. 'Do's na'm rhyfadd bod hyn 'di digwydd.

WAYNE: Pwy ddiawl ti'n feddwl wyt ti? Dw i'm hyd yn oed yn gwbod pwy 'di tad y babi 'na.

ANNA: Yli, ma' Llinos yn ffrind da i mi ac ma' hi'n fam i dy blant di. 'Di hynna ddim yn golygu rwbath i chdi?

WAYNE: Beth bynnag, chesh i 'rioed affêr. A ti'n gwbod pam? Achos mod i'n ei charu hi.

ANNA: Os wyt ti'n ei charu hi, be' ddiawl wyt ti'n da yn ista fa'ma?

*Daw **Llinos** allan o'r toiledau.*

WAYNE: Ti'n iawn?

***Llinos** yn nodio'i phen.*

LLINOS: Mae o 'di stopio am rŵan.

WAYNE: Gwranda. O'n i 'di meddwl dod i mewn atach chdi rŵan.

LLINOS: Ti'n gwbod sut ydw i, Wayne. Cofio Eilir?

WAYNE: Dw i isio i chdi ddallt ... cwbwl dw i 'di meddwl amdano fo ydi chdi a fo yn mwynhau eich hunain a chwerthin ar fy mhen i.

LLINOS: Ddim fel'na oedd petha', Wayne.

WAYNE: Be' ddigwyddodd, 'ta? Ma'n rhaid bo' chdi'n ei garu fo.

LLINOS: Jyst 'di blino ar betha' o'n i.

WAYNE: 'Di blino arna i?

LLINOS: Naci ... ia ... blino ar bob dim.

WAYNE: Pam g'neud o, 'ta?

LLINOS: O'dd o jyst yna, Wayne ... 'nes i golli 'mhen yn lân ... o'n i mor wirion.

WAYNE: Ma'r ddau ohonan ni 'di bod yn wirion.

Contraction.

WAYNE: Ti isio i fi ddod efo chdi?

LLINOS: Ma' hwn yn rwbath ma' rhaid i mi 'neud ar ben yn hun
               ... ti'n dallt, 'dwyt?

ANNA: Ty'd, Llinos. Ma' nhw yma.

Llinos yn gadael. Golau'n diffodd.

GOLYGFA 3

Daw'r genod allan yn taflu pêl.

LLINOS: Ocê, un, dau, tri... (*line out*)
Da iawn, Siân, driwn ni unwaith eto. Un, dau, tri... (*line out*)

*Gwelir **Wayne** yn dod tuag atynt yn gwthio pram.*

LLINOS: Fydda'i yna rŵan. Da iawn chi – dach chi'n siapio'n tsiampion. 'Bach mwy o ymarfer a fyddwch chi'n barod ar gyfer y tymor. 'Run pryd nos Iau?

ANNA: 'Falla fydda i rhyw fymryn yn hwyr, ma' gan Dylan gyfarfod yn 'rysgol.

MENNA: Jibar uffar.

ANNA: Na, ddo' i'n syth ar ôl iddo fo orffan, wir i chi.

BERYL: Rhywun isio peint sydyn?

ANNA: Ia, grêt.

MENNA: Ti'n dod?

LLINOS: Na, ma' hon angan bwyd. A ma' rhaid i mi fynd i Kwiks.

SIÂN CB: Wel, ffonia unrhyw bryd ti isio i mi warchod. 'Swn i wrth fy modd. Ta-ra, Gwen.

LLINOS: Siŵr o 'neud. Diolch i ti. Wela'i chi nos Iau.

MENNA: Hei, oeddan ni'n meddwl mynd am Chinese rhywbryd wsnos nesa' os ti ffansi.

LLINOS:	'Sa hynna'n lyfli.
BERYL:	Drefnwn ni rwbath nos Iau.
GENOD:	Ta-ra.
ANNA:	Hwyl i ti, Wayne.
WAYNE:	Hwyl.

*Mae'r genod yn gadael y llwyfan gan adael **Llinos**, **Wayne** a'r pram ar ôl.*

WAYNE:	Ma' nhw'n siapio'n dda gen ti.
LLINOS:	Yndyn, chwara' teg.
WAYNE:	Gen ti le i fod yn falch ohonyn nhw.
LLINOS:	Mi ydw i. Diolch i ti am edrych ar ei hôl hi ... fydd mam 'nôl ar ei thraed wsnos nesa'.
WAYNE:	'Dan ni'n dau 'di bod yn cadw reiat wrth y llyn ... ma' hi'n gymeriad.
LLINOS:	Yndi. Reit, ma' angan bwyd ar hon.
WAYNE:	Gwranda, be' ti isio o siop?
LLINOS:	'Sdim rhaid i chdi, Wayne.
WAYNE:	Na, dwi angan piciad yno'n hun.
LLINOS:	Os ti'n siŵr ... ty'd â llefrith, torth a *pizza* neu 'wbath.
WAYNE:	Heb y *pineapple* a *sweetcorn*.

LLINOS: Ia, diolch.

Mae'r golau yn gostwng.

Y DIWEDD